中华复兴之光
千秋名胜古迹

# 绝美玉宇琼楼

李姗姗 主编

汕头大学出版社

## 图书在版编目（CIP）数据

绝美玉宇琼楼 / 李姗姗主编. -- 汕头：汕头大学出版社，2017.1（2023.8重印）

（千秋名胜古迹）

ISBN 978-7-5658-2847-8

Ⅰ．①绝… Ⅱ．①李… Ⅲ．①古建筑－介绍－中国 Ⅳ．①K928.71

中国版本图书馆CIP数据核字(2016)第293515号

**绝美玉宇琼楼**　　JUEMEI YUYU QIONGLOU

| | |
|---|---|
| 主　　编： | 李姗姗 |
| 责任编辑： | 宋倩倩 |
| 责任技编： | 黄东生 |
| 封面设计： | 大华文苑 |
| 出版发行： | 汕头大学出版社 |
| | 广东省汕头市大学路243号汕头大学校园内　邮政编码：515063 |
| 电　　话： | 0754-82904613 |
| 印　　刷： | 三河市嵩川印刷有限公司 |
| 开　　本： | 690mm×960mm　1/16 |
| 印　　张： | 8 |
| 字　　数： | 98千字 |
| 版　　次： | 2017年1月第1版 |
| 印　　次： | 2023年8月第4次印刷 |
| 定　　价： | 39.80元 |

ISBN 978-7-5658-2847-8

版权所有，翻版必究
如发现印装质量问题，请与承印厂联系退换

# 前言

党的十八大报告指出:"把生态文明建设放在突出地位,融入经济建设、政治建设、文化建设、社会建设各方面和全过程,努力建设美丽中国,实现中华民族永续发展。"

可见,美丽中国,是环境之美、时代之美、生活之美、社会之美、百姓之美的总和。生态文明与美丽中国紧密相连,建设美丽中国,其核心就是要按照生态文明要求,通过生态、经济、政治、文化以及社会建设,实现生态良好、经济繁荣、政治和谐以及人民幸福。

悠久的中华文明历史,从来就蕴含着深刻的发展智慧,其中一个重要特征就是强调人与自然的和谐统一,就是把我们人类看作自然世界的和谐组成部分。在新的时期,我们提出尊重自然、顺应自然、保护自然,这是对中华文明的大力弘扬,我们要用勤劳智慧的双手建设美丽中国,实现我们民族永续发展的中国梦想。

因此,美丽中国不仅表现在江山如此多娇方面,更表现在丰富的大美文化内涵方面。中华大地孕育了中华文化,中华文化是中华大地之魂,二者完美地结合,铸就了真正的美丽中国。中华文化源远流长,滚滚黄河、滔滔长江,是最直接的源头。这两大文化浪涛经过千百年冲刷洗礼和不断交流、融合以及沉淀,最终形成了求同存异、兼收并蓄的最辉煌最灿烂的中华文明。

五千年来，薪火相传，一脉相承，伟大的中华文化是世界上唯一绵延不绝而从没中断的古老文化，并始终充满了生机与活力，其根本的原因在于具有强大的包容性和广博性，并充分展现了顽强的生命力和神奇的文化奇观。中华文化的力量，已经深深熔铸到我们的生命力、创造力和凝聚力中，是我们民族的基因。中华民族的精神，也已深深植根于绵延数千年的优秀文化传统之中，是我们的根和魂。

中国文化博大精深，是中华各族人民五千年来创造、传承下来的物质文明和精神文明的总和，其内容包罗万象，浩若星汉，具有很强文化纵深，蕴含丰富宝藏。传承和弘扬优秀民族文化传统，保护民族文化遗产，建设更加优秀的新的中华文化，这是建设美丽中国的根本。

总之，要建设美丽的中国，实现中华文化伟大复兴，首先要站在传统文化前沿，薪火相传，一脉相承，宏扬和发展五千年来优秀的、光明的、先进的、科学的、文明的和自豪的文化，融合古今中外一切文化精华，构建具有中国特色的现代民族文化，向世界和未来展示中华民族的文化力量、文化价值与文化风采，让美丽中国更加辉煌出彩。

为此，在有关部门和专家指导下，我们收集整理了大量古今资料和最新研究成果，特别编撰了本套大型丛书。主要包括万里锦绣河山、悠久文明历史、独特地域风采、深厚建筑古蕴、名胜古迹奇观、珍贵物宝天华、博大精深汉语、千秋辉煌美术、绝美歌舞戏剧、淳朴民风习俗等，充分显示了美丽中国的中华民族厚重文化底蕴和强大民族凝聚力，具有极强系统性、广博性和规模性。

本套丛书唯美展现，美不胜收，语言通俗，图文并茂，形象直观，古风古雅，具有很强可读性、欣赏性和知识性，能够让广大读者全面感受到美丽中国丰富内涵的方方面面，能够增强民族自尊心和文化自豪感，并能很好继承和弘扬中华文化，创造未来中国特色的先进民族文化，引领中华民族走向伟大复兴，实现建设美丽中国的伟大梦想。

# 目录

## 避暑山庄

康熙年间始建避暑山庄　002

乾隆建家庙和宫殿及九门　015

增建文津阁和广缘寺等建筑　032

## 武当山建筑

044　隋代后武当道观日益兴盛

052　明成祖敕建武当山宫观

063　武当山道教建筑初具规模

## 俞源村建筑

以天体现象进行设计布局　074

清代进入建筑鼎盛时期　083

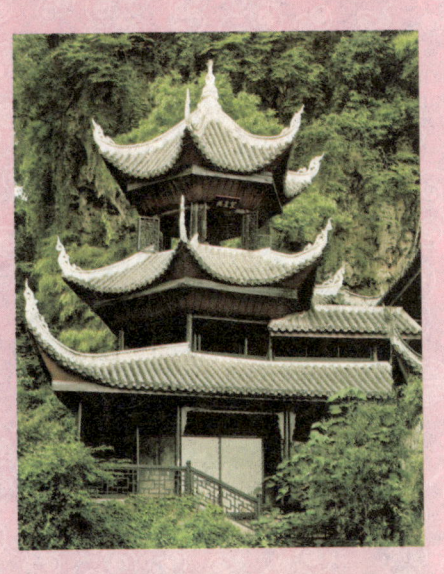

## 青龙洞建筑

094　舞阳河畔壮观的悬空寺

100　清代修缮和扩建古建群

## 古建荟萃

明清时大水井古建筑群　108

别具一格的牛街清真寺　116

# 避暑山庄

　　承德避暑山庄又名"承德离宫"或"热河行宫",位于河北承德北部,距离北京约180千米,始建于1703年,历经清康熙、雍正和乾隆三朝,它与北京的颐和园、苏州拙政园和留园并称为"中国四大名园"。

　　承德避暑山庄曾是我国清朝皇帝的夏宫,由皇帝宫室、皇家园林和宏伟壮观的寺庙群所组成,它最大的特色是山中有园,园中有山。

　　整个山庄分为宫殿区和苑景区两大部分,内有康熙、乾隆皇帝钦定的72景及各类建筑百余处,是我国三大古建筑群之一。

## 康熙年间始建避暑山庄

　　1681年，清政府为加强对蒙古地方的管理，巩固北部边防，在距北京350多千米的蒙古草原建立了木兰围场。

　　木兰围场建成后，每年秋季，皇帝都带领王公大臣、八旗军队、

乃至后宫妃嫔、皇族子孙等数万人前往木兰围场行围狩猎，以达到训练军队、固边守防之目的。

　　为了解决皇帝沿途的吃、住，清朝在北京至木兰围场之间，相继修建了21座行宫，"热河行宫"又称"避暑山庄"就是其中之一。

　　避暑山庄及其周围寺庙始建于1703年，至1713年这一阶段结束，避暑山庄主要是开拓湖区、筑洲岛、修堤岸，随之营建宫殿、亭榭和宫墙以及皇家寺庙溥仁寺和溥善寺，使避暑山庄初具规模。

　　热河泉位于避暑山庄湖区东北隅，是避暑山庄湖泊的主要水源。清澈的泉水从地下涌出，流经澄湖、如意湖、上湖、下湖，自银湖南部的五孔闸流出，沿长堤汇入承德武烈河。

　　热河全长700多米，是我国最短的河流，发源于避暑山庄诸泉的一条涓涓细流，主要水源来自热河泉。冬季水温为八度。泉侧有巨石，刻"热河"两字。

据考证，大约在7000万年前，这里曾发生了规模巨大的火山喷发，形成许多裂缝，地面上的水通过断裂渗入地下，经地温加热水温升高，再由深处涌出，便形成了后来的热河泉。热河泉也因此而成为避暑山庄极为重要的一道景观。

避暑山庄内的如意洲为湖中之岛，因形似"如意"而得名，是山庄内最大的洲岛。康熙皇帝和后来乾隆皇帝钦选的72景中有12景就建在如意洲上，主要有无暑清凉、观莲所、金莲映日、水芳岩寿、延薰山馆、一片云和沧浪亭等。

月色江声在避暑山庄水心榭之北，为一椭圆形岛屿，建于1703年。临湖三间门殿，康熙帝题额"月色江声"，取意于苏轼的《赤壁赋》。

岛上建筑布局采取北方四合院手法，殿宇之间有游廊相连。门殿西有冷香亭，盛夏可坐亭赏荷。门殿北为静寄山房，是清帝读书处。

静寄山房后的莹心堂也是一处清帝书斋。莹心堂后面的四合院有康熙帝的题额"湖山罨画"。该院门殿外的支柱，看上去歪斜欲倒，实际上却坚牢稳固，这是山庄建筑三绝之一。据说这是出于康熙皇帝的授意，寓意"上梁不正下梁歪"，用以警戒臣工。

山庄西湖上，有用石垒砌的堤桥一座，西湖之水由桥孔注入东湖。堤桥两端分别立宝坊一座，北曰"双湖夹镜"，南曰"长虹饮练"，均为康熙皇帝所题。

金山在避暑山庄澄湖东侧，是仿江苏镇江的金山而建，包括"康熙三十六景"第十八景"天宇咸畅"和第三十二景"镜水云岑"两组建筑。

山的南麓有石阶通水溪，石阶北为门殿，山半有镜水云岑殿，山上有天宇咸畅殿，山巅有上帝阁。自西侧水溪芳洲亭起，有形如半月的爬山廊将各殿宇连通。上帝阁当年中层供奉真武，上层供奉玉帝。循阁内木梯登阁，宛如置身于镇江金山的妙高峰上。

香远益清位于山庄金山东北部的古松林中，为"康熙三十六景"中的第二十三景。东有小溪曲沼洄沿，前后临池。这里以花取景，绿房紫葩，芳香竞放。因此康熙皇帝题名"香远益清"。

说此处"出水涟漪，香远益清，不染偏奇"。后来乾隆皇帝也题诗赞道："春光六月天，照影濯清涟。逸韵风前别，生香雨后鲜"。

四面云山在避暑山庄西北隅最高处，圣祖康熙题额"四面云山"。此名胜为当年"康熙三十六景"中的第九景。

亭子切汉凌霄，群山拱揖，别开生面。东眺天桥，云垂檐际；南则玉冠诸峰，望如屏列；北则金山、黑山屹峙；广仁岭迤西诸峰，盘礴案衍，络绎奔赴。凭虚纵览，万景天全。

四面云山的亭子，是清帝每年重阳时节登高处。康熙曾经作诗咏四面云山：

珠状崖嵬里，兰衙入好诗。
远岑如竞秀，近岭似争奇。
雨过风来紧，山寒花落迟。
亭遥先得月，树密显高枝。
湖平无涌浪，雾净少多歧。
脉脉金明液，溶溶积翠池。
常忧思解愠，乐志余清悲。
素学臣邻老，耆年自不知。

青枫绿屿北枕双峰亭与南山积雪亭之间的山鞍部，为一处庭园，建于康熙时期，下为悬崖绝壁。此处多枫树，叶茂荫浓完全可与江南的梧桐和芭蕉相媲美。

庭园南部是半圆形的篱笆墙，进月门，东侧有殿三间，面西额题

"霞标"。到后来的乾隆皇帝时，每逢中秋佳节，他都要策马登山，临此听鸟观山，登高赏月，吟诗诵赋。

篱笆门的正面有南向殿三间，额题"青枫绿屿"，殿后粉墙横隔，墙根山石疏点，过圆洞门，便是五间大殿，殿额为"风泉满清听"。院西有吟红榭殿，每当霜秋，锦树分丛，丹霞沉彩。

澹泊敬诚殿是避暑山庄的正殿，始建于1710年，是避暑山庄正宫的核心建筑，也是清代举行重大庆典，百官朝觐，接见少数民族首领和外国使节的地方。此殿规模宏大，因全部用楠木改修，故又称"楠木殿"。澹泊敬诚殿前有外、内午门，朝房、乐亭，后有四知书屋和寝宫等建筑。

澹泊敬诚殿的大殿面阔七间，建在大理石砌筑的台基上，为青砖布瓦卷棚、单檐歇山式建筑，古朴典雅，庄重肃然。

殿中悬"澹泊敬诚"匾。中央为紫檀雕栏须弥座地坪，上置有紫檀浮雕耕织图围屏、紫檀弥勒宝座、足踏、座褥、靠背、迎手、羽葆、蟠龙、垂思香筒、仙鹤、香几和印盒等。

在澹泊敬诚殿大殿周围设有薰炉、炉几、珐琅炉、东大案、西大案，案上有钟表、青花贯耳尊、霁兰天球瓶、青花双耳尊、五彩山水鹿头尊和紫檀雕龙大立柜等。

在北山墙格内，珍藏有编纂于康熙年间的《古今图书集成》。在大殿东西山墙上还镶嵌有乾隆皇帝的《赋得澹泊敬诚》诗贴、《皇舆全图》等。

澹泊敬诚殿后为四知书屋，康熙皇帝曾题名"依清旷"，后来乾隆皇帝又增题"四知书屋"。据说皇帝上朝前后，要在四知书屋内更衣，有时皇帝也在此召见王公大臣和少数民族首领。

烟波致爽殿在澹泊敬诚殿之后，为康熙皇帝当时的寝宫，始建于1710年，为"康熙三十六景"中的第一景。此殿因康熙皇帝谓此"四周秀丽，十里平湖，致有爽气"而得名。正殿东西两侧各有一小跨

院，为后、妃居住之所。

内午门又名"阅射门"。是因为当时康熙皇帝经常在此门接见官吏及各少数民族首领，并举行射箭比赛，选拔官吏。皇子皇孙也参加表演，看射箭比赛，当时有名词叫"阅射"，因而得名"阅射门"。

此门中间开三门，中门上悬1711年行宫建成时康熙皇帝御笔镏金匾额一面，上面书有"避暑山庄"四个金色大字，四周有镏金铜龙环绕。

在内午门前东西两侧，有一对铜狮子，铸造于1708年，重约5吨，为清代的艺术珍品。传说，这对铜狮是文殊菩萨的坐骑，具有灵性。

避暑山庄在宫门设置上，依然按照古代"天子九门"的规则，辟有九座宫门。康熙时，只完成流杯亭门、西北门、坦坦荡荡门和仓门的建造。

流杯亭门位于后来的德汇门东，是避暑山庄的东宫墙门，俗称东门，因此门正对着山庄内"香远益清"这组建筑中的流杯亭而得名，所以康熙皇帝为它题为"流杯亭门"。"流杯"之名，是康熙借鉴王羲之"曲水流觞"的意境而题，此门是僧人进山庄诵经的行走之门。

西北门位于避暑山庄西北，为九门中地势最高的宫门，是帝后出山庄去清代皇帝家庙殊像寺的通行门。西北门外有一座简朴园林，名"狮子园"，是康熙皇帝赐给皇四子雍亲王胤禛的府邸。后来这里的地名叫"狮子沟"，就是这个原因。

坦坦荡荡门又称"月牙门"，位于仓门之西。此门为避暑山庄九门之一，既是宫墙门又是绮望楼的三间门殿。一楼明间为厅，可进出山庄，但不作通行用，只是供帝后观景之用，康熙为门楼上三间大厅题额"坦坦荡荡"，比喻心地纯洁，胸怀广阔。

仓门在后来的丽正门西，是避暑山庄内粮草等物资进出的专用门。仓门的规制最低，仅为宫墙上辟门的随墙门而已。

溥仁寺和溥善寺位于避暑山庄东，承德武烈河东岸，依山傍水，风景秀丽。溥仁寺在前，占地3.4公顷，俗称"前寺"；溥善寺在后，占地1.1公顷，俗称"后寺"。

溥善寺早已荒废，溥仁寺便成康熙年间仅存的庙宇。"溥"通"普"，取"普遍、广大"之意，寓意皇帝深仁厚爱普及天下。

溥仁寺按标准的汉式"伽蓝七堂"规制建造，四周有护墙环绕。山门面阔三楹，进深两间，两侧设腰门。进山门东西两侧立幢杆各一，幢杆北摆钟和鼓楼。在山门内主轴线上布置有主殿三座：天王殿、慈云普阴殿和宝相长新殿。

山门正北为天王殿，面阔三楹，进深两间，两侧设腰墙。腰门与后部相隔，形成一进院落。二进院落正北为正殿名大雄宝殿，门额"慈云普荫"，面阔七楹，进深五间，周围廊，前后檐明次间设隔扇门，前据稍间设槛窗，后檐稍间封实墙。檐下用重昂五踩斗拱，单檐歇山，黄琉璃瓦顶。中三间后老檐前增设金柱四根，柱之间封屏壁，形成夹道通后院。屏壁前供主尊三世佛。

在释迦佛两侧为其两大弟子迦叶和阿难。左右山墙置坛，供姿态各异的十八罗汉，这些佛像均用昂贵的髹漆夹纻塑造。慈云普荫殿墙壁不施彩绘，顶棚设"六字真言"井口天花。

殿内横额"具大自在",条幅"以清净果证因护持斯万;现广长舌说法声震大千"。慈云普荫殿之前东西各立御制石碑一通,记述建庙背景,左右有配殿,面阔各五楹,进深三间。

慈云普荫殿后为三进院落,主殿名"宝相长新",面阔九楹,进深三间。中三间设廊,每间装隔扇,其余设槛窗,檐下施单昂三踩斗拱,布瓦硬山屋顶。殿内供九尊无量寿佛,表九九万寿。

井口天花为六字真言图案。主殿前有东西配殿各五间,均由廊庑与后殿相连,形成三面封闭的院落。三进院落之后有大块平地,广植松、榆等树。

康熙皇帝在建成避暑山庄后,几乎每年都来这里避暑。万壑松风殿是万壑松风的主殿。康熙帝经常在这里接见官吏,批阅奏章,读书写字。据说,康熙皇帝特别喜欢皇孙爱新觉罗·弘历,他在1722年患病之时,特诏爱新觉罗·弘历于当年夏天随他一道入避暑山庄宫中。康熙皇帝把"万壑松风"赐给了爱新觉罗·弘历居住,而且康熙皇帝

平时进宴或批阅奏章,都要他侍奉在旁,朝夕教诲。

后来,爱新觉罗·弘历继位成为乾隆皇帝后,将这座殿宇题名为"纪恩堂",并写了《避暑山庄纪恩堂记》,以纪念康熙皇帝对他的眷顾养育之恩。

此外,据史料记载,康熙皇帝在避暑山庄期间曾钦选了避暑山庄园中佳景,以四字为名题记载下了当时避暑山庄的"三十六景":

烟波致爽、芝径云堤、无暑清凉、延薰山馆、水芳岩秀、万壑松风、松鹤清樾、云山胜地、四面云山、北枕双峰、西岭晨霞、锤峰落照、南山积雪、梨花伴月、曲水荷香、风泉清听、濠濮间想、天宇咸畅、暖流暄波、泉源石壁、青枫绿屿、莺啭乔木、香远益清、金莲映日、远近泉声、云帆月舫、芳渚临流、云容水态、澄泉绕石、澄波叠翠、石矶观鱼、镜水云岑、双湖夹镜、长虹饮练、甫田丛樾、水流云在。

**知识点滴**

溥仁寺和溥善寺是清代"外八庙"中的两座寺庙。

史料记载,康熙皇帝在位时,经他不懈的努力,漠北、漠南和喀尔喀等蒙古地区出现了20余年的安定局面,不仅这些地区的牧业生产发展了,清廷与蒙古各部的关系也更密切了。

1713年,诸蒙古王公为庆贺康熙皇帝60寿辰,"奏请"在避暑山庄建寺院做庆寿盛会之所。康熙皇帝欣然"恩准",于当年建造溥仁、溥善二寺,供蒙古诸部大聚会使用,取"寓施仁政于远荒"之意分别题名"溥仁寺"、"溥善寺"。

## 乾隆建家庙和宫殿及九门

1741年，乾隆皇帝恢复了"木兰秋狝"。"木兰"本系满语，汉语意为"哨鹿"，也就是捕鹿。这种活动一般是在每年的七八月间进行，因古代指秋天打猎为狝，所以又称"秋狝"。

此后，清代皇帝每年秋天都到木兰围场巡视、狩猎。自1741年起，直至1754年这段时期里，乾隆皇帝除开始对康熙时期的避暑山庄宫殿建筑进行修缮外，还进行了全方位的大规模扩建，增建了殊像寺、丽正门、城关门、

东宫、惠迪吉门和碧峰门等宫殿建筑和多处精巧的皇家寺庙建筑，避暑山庄的正宫九门与"承德外八庙"日臻完善。

1741年，乾隆皇帝陪皇太后到山西五台山文殊菩萨道场——殊像寺进香，见文殊妙相庄严，令人起敬，"默识其像以归"。后因清廷有乾隆皇帝出生在承德狮子园传言，进而有人就附会传说乾隆皇帝是文殊菩萨转世。

1744年，皇太后特命内务府仿山西五台山殊像寺现制，按香山文殊相貌在避暑山庄北修建殊像寺，是一座典型的汉族形式的庙宇。殊像寺落成时，乾隆皇帝参加瞻礼，并作诗道：

殊像全规台庙模，撰辰庆落礼曼殊。
金经蒙古犹常有，宝帙皇朝可独无？

译以国书宣白业，习之修士翊浮屠。
虽然名实期相称，师利应嗤谓是乎。

此后，清廷对殊像寺按家庙管理，里面的僧人也全为满族人，故为清廷的家庙。

殊像寺是皇帝和太后经常临幸之所，其建筑高低错落，内部考究，环境幽雅，采用庭园布局手法，大规模叠砌假山，散植松树，创造了自己的独特风格。

殊像寺东西115米，南北200米，占地面积27公顷。在殊像寺山门面南，面阔三楹，进深两间，单檐歇山顶，内供护法神哼、哈二将。山门前左右置石狮一对，两侧设腰门。过门殿两侧有钟、鼓楼，均为面阔三楹，进深一间，单檐歇山。

山门正北为天王殿，面阔五楹，进深两间，单檐歇山。前后檐封木壁板，中三间设欢门，稍间开欢窗，殿两侧置腰墙，界以一进院落，腰墙辟腰门与二进相通。

天王殿北两侧为东、西配殿，东殿名"馔香室"，西殿名"演梵堂"。天王殿正北地势增高，上多级大石阶可登月台，月台北建"会乘殿"。

会乘殿位于寺中心，居高临下，是全寺主殿。面阔七间，进深五间，重檐歇山顶，上覆黄琉璃瓦，下层用单翘单昂五踩斗拱，上层平面向里收缩，减为面阔五间，进深三间，使用单翘重昂七踩斗拱。

在殿内正中，供有杉木金漆塑像三尊，皆高一丈七尺。殿内居中供文殊菩萨，他骑在青狮上，正在说法讲经，显得十分智慧和威德，是佛像中不可多得的瑰宝。

文殊东边是骑白象的普贤菩萨，西边是骑犼的观世音菩萨。供桌

前东西各置万寿塔，八角三层楠木，高两丈，两塔内供鎏金钢质无量寿佛五百零八尊。殿内横匾"会通三际"，楹联一副：

发心为众生缘深入善权菩萨果；
现相如三世佛了分身住曼殊床。

会乘殿前东、西两侧有配殿，东为指峰，西为面月。会乘殿北，顺势置假山，垒石穿洞，潜岩渡桥，沟壑纵横，曲径幽深，是五台山的缩影。

假山如朵朵祥云，载运一座高阁，名"宝相阁"，又名"净名普现"，重檐八角，黄琉璃瓦顶绿剪边，正东、西、南、北四面设门，四斜面设槛窗。

在宝相阁内石制须弥座上，有高11.6米的木雕文殊菩萨骑狮像，传

说是按乾隆皇帝容貌塑造。两侧有两力士像,各高3米。阁内横额"净名普现",楹联一副:

佛说是本师宏宣象教;
天开此初地示现狮峰。

宝相阁前的东、西两侧,各有配殿各三间,东为云来,西为净雪。其正北有清凉楼两层,每层九间,楼内供文殊,一楼门额"妙五福德",楹联一副:

地分台麓示居国;
座挹锤峰供养云。

二楼门额"相合台怀",楹联一副:

地上拈将一茎草；
楼上现出五台山。

　　清凉楼前两侧有配殿，面阔五楹，东为"吉辉"，西为"慧喜"，慧喜殿西有六角亭。净雪殿西有一小院，正室三间，名"香林室"，室后设月门。

　　室前东有方亭一座，西有小楼名"倚云楼"，两层。皇帝到殊像寺上香时，皇后在此梳妆，故又名"梳妆楼"。

　　殊像寺内原有一口大锅，直径2.41米，高2米，壁厚0.06米，由88块铜板铸接而成，重约5吨，用18根铁柱支撑。平时储水防火，每逢腊月初八，该寺僧人就用此锅煮"腊八粥"，承德各寺的僧人都到这里吃粥承恩。对非僧人乞讨者也放粥行善。

　　文园狮子林由东西两部分建筑组成，始建于1747年，最早修建丛芳榭于其西部。后来，乾隆皇帝巡游苏州归来，又在其东仿照苏州同

名景添建狮子林，先建八景，后续八景，形成一组别致的小园景区。

园内16景为：狮子林、虹桥、假山、纳景堂、清心阁、藤架、磴道、占峰亭、清淑斋、小香幢、探真书屋、延景楼、画舫、云林石窟、横碧轩和水门。

园内假山崎岖，建筑精巧玲珑，具有元代大画家倪瓒笔下的狮子林图及江南私家园林小中见大的意蕴。有楼堂亭轩十余座、百余间，尤以叠石著称，并特召苏州山石高手堆塑而成。乾隆皇帝曾十次题咏"狮子林十六景"，匾诗刻石颇丰。

松鹤斋建于1749年，位于避暑山庄正殿东侧。因乾隆皇帝母亲清圣宪皇太后和嫔妃曾经居此。当年"青松蟠户外，白鹤舞庭前"，乾隆帝取松鹤益寿延年之意题名，为"乾隆三十六景"的第三景。

主要建筑包括门殿、含辉堂、绥成殿、乐寿堂和畅远楼等。其中，绥成殿为后来嘉庆皇帝皇子们的读书起居之所，道光皇帝以后则在此供奉清朝历代皇帝的神位。

乐寿堂是乾隆皇帝母亲清圣宪皇太后居住的寝宫，后来的嘉庆皇帝晚年也经常居住在这里。

畅远楼形制与"云山胜地"相同，是观赏湖区风景的高视点。楼后有垂花门，出门即为万壑松风殿。

烟雨楼位于避暑山庄如意洲之北的青莲岛上，始建于1750年，仿浙江嘉兴南湖烟雨楼而建。烟雨楼自南而北，前为门殿，后有楼两层，红柱青瓦，面阔五间，进深两间，单檐，四周有廊。上层中间悬有乾隆御书"烟雨楼"匾额。

烟雨楼东为青阳书屋，是皇帝读书的地方，楼西为对山斋，两者均三间，楼、斋、书屋之间有游廊连通，自成精致的院落。

烟雨楼为澄湖视高点，凭栏远望，万树园、热河泉、永佑寺等历历在目。夏秋时湖中荷莲争妍，湖上雾漫，状若烟云，别有一番景

色。乾隆皇帝曾赋诗：

最宜雨态烟容处，无碍天高地广文。
却胜南巡凭赏者，平湖风递芰荷香。

从1751年起，乾隆帝每年约有半年时间住在避暑山庄，处理军情政务。乾隆皇帝在这里接见并宴赏过厄鲁特蒙古杜尔伯特台吉三车凌、土尔扈特台吉渥巴锡，以及西藏六世班禅仓央嘉措等重要人物，还在此接见过以特使马戈尔尼为首的第一个英国访华使团。

丽正门是避暑山庄的正门，也是避暑山庄正宫的正门，其旁边建有小南门、小东门和小北门三座便门。总体布局规格严整，风格质朴秀丽，为避暑山庄的乾隆三十六景之首。

丽正门建于1754年，在建筑风格上，继承了我国明代"门上筑堞起楼以壮奇观"的做法，下设三开间门洞，上建城堞，就是城上如齿状的矮墙和供守城将士瞭望的阙楼，四面围廊、单檐歇山卷棚布瓦顶，给人以雄伟壮观之感。

丽正门的每座门洞都设有两扇朱漆大门，每扇门上都钉有只准天子使用的81颗铜门钉。正中央的门洞上方，镶嵌有用汉、满、蒙、维、藏五种文字题写的"丽正门"匾额，其中汉文为乾隆皇帝御笔。用五种文字雕刻同一块匾，象征清王朝是一个统一的多民族国家。

在丽正门中门北面门额上刻有乾隆皇帝于1754年题写的一首诗：

岩城埤堄固金汤，坦荡门开向午阳。
两字新题标丽正，车书恒此会遐方。

此诗大意是，大清朝的江山就像避暑山庄美丽如画，像雄伟坚固的宫墙一样固若金汤，而坦荡的宫门向正南方敞开着，更是寓意着乾隆时期国内各民族团结，国家强盛和统一。

按清代典制，丽正门的中门只有皇帝和他的父母及随行的后妃、皇子才能经此门出入，其他王公大臣、文武官员只能从丽正门的左右侧门进宫。

丽正门内便是正宫区。进丽正门沿中轴线北行是正宫，依次是午门、正宫门、澹泊敬诚殿、四知书屋、万岁照房、门殿、烟波致爽殿、云山胜地楼和岫云门等。

丽正门门口的两侧是两尊象征着帝王权力与威严的石狮子，离石狮子20米处东西两翼各有一通4米高的石制"下马碑"，碑上用四种文字刻有"官员人等至此下马"，意思是除皇帝外，所有王公大臣到此碑前都必须下马、下轿步行入宫。

但后来西藏宗教领袖六世班禅仓央嘉措,是清朝历史上,乾隆皇帝特破此"皇规",而允许其坐轿入宫的唯一的觐见者。

丽正门前分设堆拨房两座,有青石铺路的御道广场,在广场正南置有一座起着把皇帝宫苑与市井隔开的红色照壁,长23.5米,宽1.4米,高6米。相传,在照壁墙内住着一只金鸡,每天黎明前,如果轻叩朱壁,可以听到金鸡的报晓声。

城关门位于丽正门与德汇门之间,建于1754年。清帝夏季巡狩热河驻跸山庄,每年大约五个月之久,全国各地奏折都不停地送往避暑山庄,而城关门就是专供各地信使快马直入内宫而建的。

城关门规格虽低,但往来传递的都是国家大事,非同一般。城关门位于丽正门东,为一楼一洞的城台式阙楼,在清代也是山庄服务人员及宫中用品、货物运输进出的专用门。

避暑山庄东宫位于松鹤斋之东,地势比正宫和松鹤斋低,规模宏

大，建于1754年，被誉为"卷阿胜境"，主要建筑有德汇门、门殿、前殿、清音阁、福寿园、勤政殿、卷阿胜境殿等七进建筑。避暑山庄的中轴线从东宫德汇门中门穿过。

德汇门为避暑山庄九宫门之一，既是山庄的大门，又是东宫的宫门，其规制与丽正门完全相同，只是门前没有照壁、石狮和下马碑。

德汇门为重台，面阔三楹，进深两间，形制与丽正门略同。德汇门北为门殿，七楹，两边有井亭各一座。门殿北为前殿，面阔十一楹，进深三间。

前殿北为大戏楼，名清音阁，三层。面阔三楹，长16.69米；进深三间，宽14.45米；一、二层净高各5米，规格相同，三层略小。上层匾额"清音阁"，中层"云山韶"，底层"响叶钧天"。台前对联：

鱼藻庆那居诗徵恺乐；

凤梧鸣盛世音矢游歌。

每层台板设天井，一层台板底下有地音室，地音室内掘地井五个，井深近6米，直径2米。地井有利戏音清晰宽厚；天井有利使用道具，提高演出效果。

如演神话戏，神仙可以升天，鬼怪可出地狱，仙女可从天降，哪吒可以闹海。清音阁两侧有扮戏房，上下两层各九楹。

清音阁正北为"福寿阁"，顶层设皇太后、皇帝和后妃看戏坐席，两侧有群楼与扮戏房相连，是朝廷大臣、外国使节和蒙古王公看戏的地方。

清音阁与北京故宫的畅音阁、圆明园清音阁、颐和园大戏楼略同。皇帝每驻避暑山庄，遇重大庆典和节日这里便会演戏，有时连演十余天不止。

勤政殿位于福寿阁北，面阔五楹，进深两间，殿内面南悬"正大

光明"匾，面北悬"高明博厚"匾，是皇帝接见群臣、发布政令的地方，殿前有东、西配殿各三楹。

卷阿胜境位于勤政殿北，滨湖，面阔五楹，北有抱厦三间，是湖区游览线的一个起始点，皇帝常在此赏赐大臣、王公茶点，陪太后进膳。乾隆晚年喜得玄孙后，继北京紫禁城题五福五代堂之后，他又在此殿御题了"五福五代堂"匾额。

水心榭在避暑山庄的东宫之北，是宫殿区与湖区的重要通道。建于清康熙四十八年，御笔题额。1754年，被列为"乾隆三十六景"第八景。

水心榭建于下湖和银湖之间，跨水为桥，上列亭榭三座，南北为重檐四角攒尖顶式方亭，中为进深三间重檐水榭。

榭在水中，两旁空间广阔，碧波荡漾，四望皆成画景，确有"飞角高骞，虚檐洞朗，上下天光，影落空际"的诗意。

惠迪吉门位于流杯亭门的东北处，俗称东北门。因此门紧邻山庄内"澄观斋"中的"惠迪吉"景，乾隆皇帝便依此定名"惠迪吉门"，意为顺应天意，吉祥如意。此门为"徕远门"，是外臣和外国使节来山庄时的进出门。

碧峰门位于坦坦荡荡门西北，其形制与丽正门相仿，只是建在西部山区，宫墙亦延山而上。乾隆皇帝为此门题额"碧峰门"，意为峰峦叠翠如同碧玉，形象地点出了此处的景色。

万树园位于山庄平原区东北部。园中立有石碣，上刻有"万树园"，为乾隆所书，是"乾隆三十六景"中的第二十景。

万树园北倚山麓，南临澄湖，地势平坦开阔。地上绿茵如毯，麋鹿成群，山鸡野兔出没。南部有乾隆手书《绿毯八韵》诗碑一座。

园内不施土木，设蒙古包，乾隆皇帝曾多次在这里会见、宴请少数民族王公贵族及政教首领，并多次会见、赐宴许多外国使节。

## 知识点滴

避暑山庄的丽正门，作为清代夏宫的正门，与清廷紫禁城的丽正门规模及作用一致，都是封建王朝的威仪所在。

据记载，"丽正"二字出于《易经·离卦》"日月丽乎天，百谷草木丽乎土，重明以丽乎正，乃化成天下"之句。

意思说：帝王只有像日月附着天，百谷草木附着地那样而附着正道，才能教化统治天下。这既是乾隆皇帝的自勉，也是他在向天下昭示其贤明之德。

"丽正门"在满文、蒙古文和藏文意为"光明的正门"，意为"中间很亮的门"，维吾尔文意为"华丽光辉的大门"。

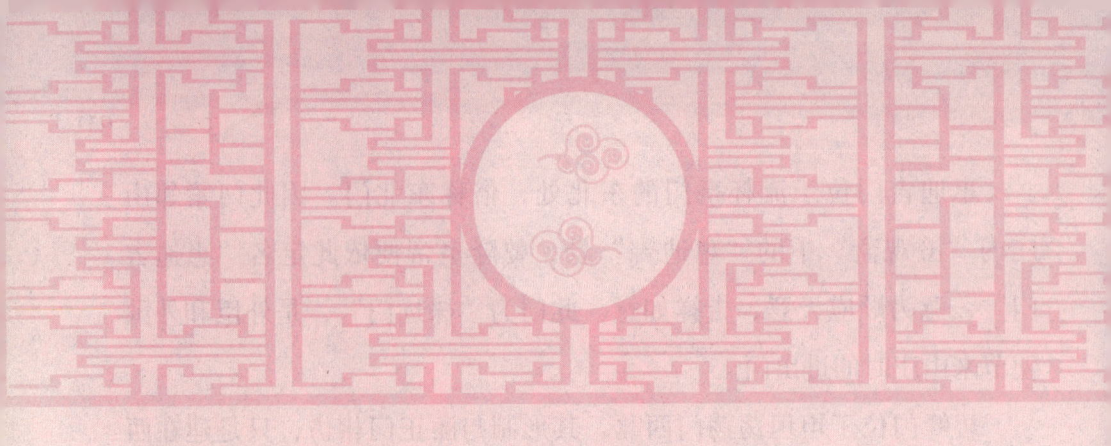

# 增建文津阁和广缘寺等建筑

1774年,乾隆皇帝下令在避暑山庄平原区的西部建造了清代七大图书馆之一的文津阁。其营造法式仿照明代建筑的浙江"天一阁"。

外观为两层,实际是三层,阁中辟一暗层作藏书库,阳光不能直

射到藏书库。室内油漆彩画考究，深绿色的柱子，蓝色封套卷册，白色的书端，都以冷色为主，给人以宁静的气氛。

文津阁建成以后，乾隆皇帝甚是喜爱，他在《文津阁记》中曾写道："欲从支脉寻流，以溯其源，必先在乎知其津。"此句即含有"文津"之意。

《四库全书》成书后共誊写了7部，《四库全书》中的第四部就收藏于文津阁，共36304册，分装6144个书函，陈列摆放在128个书架上。

文津阁的东北部有水门与山庄水系相通，阁前池水清澈，因造园家在池南的假山上，开出一个半圆形如上弦月的缝隙，利用光线，在水中形成下弦月的倒影，构成"日月同辉"的奇特景观，所以人在阁前特定位置向池中望去，只见池中有一弯新月，随波晃动，而天空却是艳阳高照。

山上横岭纵峰，沟桥岗壑，各自争奇。有棒槌山、罗汉山、双塔山等十大名山的缩影，更有"十八学士登瀛洲"的造型，还有仿米芾"宝晋斋"的园林布局。

文津阁东为碑亭，四角攒尖顶，上覆黄琉璃瓦，内竖石碑一通，通高5.34米，碑正面镌刻着乾隆皇帝题《文津阁记》，其余三面刻有乾隆作的三首诗。

每逢中秋佳节之际，天高气爽，登临"月台"赏月，但见园内，老树苍劲，枝杈纵横。一轮明月冉冉升起，把一片银辉洒向大地，山庄顿时银装素裹，清澈静谧。

乾隆皇帝题额的"广缘寺"位于普佑寺东，建于1780年，占地面积0.45公顷，长方形院落。属汉式四合院样式中的大式建筑。它是外八庙中最小且特殊的一座庙宇，它是僧人为表示对皇帝的敬诚之意，由普宁寺堪布高僧擦鲁克集资敕准建造的寺庙。

广缘寺均为清代大式建筑，硬山顶，铺以筒板布瓦，并无琉璃相饰。其主体建筑由山门、天王殿、大殿、佛楼组成，东、南、西三面是围墙，后靠是山岭葱郁，形成了独特的宗教氛围。

山门也称为门殿，面南向三间式殿宇，正中镌石匾，门额题为"广缘寺"，东西围墙中部开左、右掖门，门殿内供奉护法金刚，即哼哈二将和一尊。山门内两侧有幢竿，为挂经幡之用。正北为硬山顶五楹天王殿，殿内供奉布袋和尚尊像和护法四大天王尊像。

　　天王殿北有大殿七间。此殿为该庙的主殿。殿内供奉金漆木雕的三世佛：迦叶像、释迦牟尼像和弥勒像。主殿硬山灰布瓦，无彩绘，有跑兽七尊，这种建筑样式在外八庙其他建筑中是不多见的。

　　大殿东西建有配殿。东配殿内供有奉护法伽蓝关帝，就是东汉末年名将关羽的画像，殿内曾有经案，是僧人念经的地方。西配殿内供三座舍利塔、佛挂画，是存放活佛舍利的地方。

　　大殿正北是全寺的后院，靠近山根处建有七间二层楼一座。正中三间为佛堂，两侧是经堂、居室，是主持堪布高僧即诺门罕活佛念经和修行的地方。楼的两侧各有僧房十余间，供住寺僧人居住。在乾隆时期，广缘寺常驻僧人22名，银两由理藩院供给。

1780年，清代西藏佛教格鲁派两大领袖之一、西藏拉萨的六世班禅仓央嘉措赶赴避暑山庄，庆贺乾隆皇帝70寿辰。六世班禅仓央嘉措在佛教界极具影响力，而且他是第一个到内地的班禅。

对此，乾隆皇帝极为重视，为了隆重接待六世班禅仓央嘉措，乾隆皇帝于1780年命内务府在承德仿照班禅所居的日喀则札什伦布寺的形式，专门兴修了须弥福寿之庙供他居住。

"须弥"即须弥山，藏语名"札什"，"福寿"藏语名"伦布"。须弥福寿的意思，是像吉祥的须弥山一样多福多寿。乾隆皇帝在《须弥福寿之庙碑记》中写道：

> 布达拉既建，伦布不可少。择向兴工作，亦以不日成。都纲及寝室，一如后藏式。金瓦映日辉，玉幢扬风舞。

乾隆皇帝在文中明确表达了这座庙宇兴建的速度、形制和落成后

的壮丽。由于建庙是为了接待西藏政教首领六世班禅仓央嘉措，他曾居此并讲经，所以须弥福寿之庙俗称"班禅行宫"，或"行宫"。

后来，乾隆皇帝还命人在避暑山庄内为六世班禅仓央嘉措塑造了一尊坐像，高73.4厘米，头戴通人冠，冠耳垂肩。身着藏式僧衣，袒右臂，以全跏趺坐，坐在莲台上。左手结定印，右手结说法印，面容微笑、充满祥和。衣缘处刻细致的缠枝莲花纹。

须弥福寿之庙位于避暑山庄北面狮子沟南坡、普陀宗乘之庙以东，建筑风格为汉藏结合的形式，有前部的山门和碑亭，中部的琉璃牌楼及班禅讲经处妙高庄严殿，后部山上为六世班禅仓央嘉措弟子住所金贺堂和万法宗源殿及琉璃万寿塔等。

须弥福寿之庙依山而建，占地面积36700平方米，中轴线贯穿南北，总平面不是严格对称，但又成纵深地均衡布局。

山门坐北向南，前有五孔石桥，门前左右立石狮子一对。山门以北是一座重檐歇山顶的方形碑亭，碑为石龟所驮，碑亭四面有拱门，周围有石刻栏杆。

碑亭以北沿石磴道之上，矗立着三间四柱七楼式琉璃牌坊，匾额为"总持佛境"，意为统领一切教法。牌坊前两侧置石象一对，象征大乘有大力，能普度众生。

当年能够进入牌坊的人必备"蒙古王以下，头等台吉以上"的官职，其余人只能在牌坊前叩拜。牌坊以北是主体建筑大红台。从正面看去，牌坊有如大红台的大门，华丽的牌坊更衬托出大红台的雄伟。

大红台由三层群楼围绕，正面墙壁呈深红色，开三层窗，窗楣上浮嵌琉璃垂花门头，形制颇为新颖。群楼平面呈回字形，为"都纲法式"，形成封闭的内院，给建筑内部造成了一种神秘莫测的感觉和与世隔绝的宗教气氛。

群楼的中间巍踞着三层的"妙高庄严殿"，是佛教圣地须弥山的

象征，通高29米，曾是六世班禅仓央嘉措讲经说法的道场，他曾在这里诵万寿真经祝乾隆的70寿辰，当时由内蒙古的章嘉活佛相陪瞻礼，并亲任翻译。

妙高庄严殿屋顶为重檐攒尖顶，覆盖着镏金鱼鳞铜瓦，辉煌富丽，溢彩流光。脊上的八条龙，四上四下，似腾云驾雾，栩栩如生，每条龙重量都在一吨以上，可谓稀世瑰宝。

殿内第一层供奉的是释迦牟尼和黄教创始人宗喀巴像，第二层供奉的是释迦牟尼及其两大弟子迦叶、阿难的像，第三层供奉的是三尊密宗佛像。

乾隆皇帝为六世班禅仓央嘉措亲题"宝地祥轮"匾额悬挂在妙高庄严殿的上方。

大红台群楼的顶部形成平面，通称平台，登平台可绕视妙高庄严殿鎏金屋顶的细部。

平台的四角建有四座单檐庑殿顶的角亭，脊上有琉璃制成的吻兽，北有孔雀，南有犀牛，色彩斑斓，灿烂辉煌，洋溢着吉祥祝福的气氛。

大红台西可达班禅六世居住的吉祥法喜殿，又称住宿楼，面宽五间，进深三间，高二层，重檐歇山顶，上覆镏金鱼鳞瓦，极为富丽豪华，脊上有吻兽。

妙高庄严殿与吉祥法喜殿鎏金瓦顶共用黄金15000多两。六世班禅仓央嘉措在吉祥法喜殿接受蒙古王公、贵族礼拜，并为他们"摸顶"。

在大红台正北的石级之上为万法宗源殿，此殿面宽九间，进深三间，高两层，黄琉璃瓦绿剪边歇山顶。下层是班禅随从的住处和处理事务的地方，上层是佛堂。

须弥福寿之庙最北的山巅上是一座绿色的八角七层的琉璃宝塔，称为"万寿塔"。塔身用绿色琉璃砖砌成，塔顶用黄色琉璃瓦铺覆。

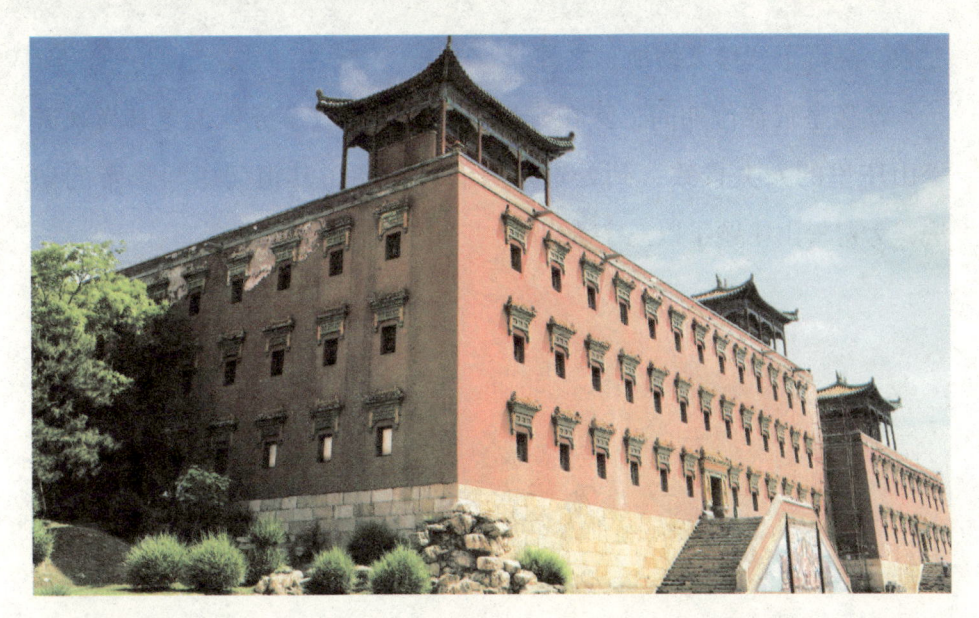

这座宝塔结构灵秀，它背负青山，高耸屹立，直指苍天。塔身为七层，象征着乾隆70大寿。万寿塔为须弥福寿之庙的最高点，说明了皇权是至高无上的。

　　须弥福寿之庙是承德外八庙中由皇家建造的最后一座寺庙，这座寺庙比先前建造的寺庙在艺术及技术手法上，都有独到之处，其间汉式建筑装饰手法的巧妙运用，使得这座寺庙显得更为雄浑而完美。

　　到此为止，外八庙全部建成。这些寺庙都融和了汉、藏等民族建筑艺术的精华，历史悠久，风格各异，气势宏伟，极具皇家风范，成为避暑山庄外围又一道亮丽的风景。

　　到1792年时，清朝在承德避暑山庄的工程竣工，其规模就此臻于完善。避暑山庄由木兰围场缘起，从康熙皇帝开始，经历了雍正和乾隆共三代帝王，历时长达89年，才刻意打造出了避暑山庄这样一个幽静闲适的皇家离宫，一方香火缭绕的寺庙圣地，一座"合内外之心，成巩固之业"的长城。作为皇家宫苑，避暑山庄以其构造及建筑质量上乘,赢得了"移天缩地"之誉。

乾隆皇帝在位期间,除在避暑山庄处理军政事务外,尤其喜欢避暑山庄里的人文景致,到处走走看看,他还仿其祖父康熙皇帝的做法,为避暑山庄题了以三字为名的"三十六景":

丽正门、勤政殿、松鹤斋、如意湖、青雀舫、绮望楼、驯鹿坡、水心榭、颐志堂、畅远台、静好堂、冷香亭、采菱渡、观莲所、清晖亭、般若相、沧浪屿、一片云、萍香泮、万树园、试马埭、嘉树轩、乐成阁、宿云檐、澄观斋、翠云岩、罨画窗、凌太虚、千尺雪、宁静斋、玉琴轩、临芳墅、知鱼矶、涌翠岩、素尚斋、永恬居。

乾隆皇帝命名的此"三十六景"与康熙皇帝所题的"三十六景"合称为清代时期的避暑山庄"七十二景"。

**知识点滴**

须弥福寿之庙龟驮碑的造型,舒展自如,若浮游于汹涌的海涛之上,鱼鳖虾蟹活跃在左右,活泼生动,碑刻记述乾隆皇帝建此庙的目的和意义。因石龟在佛经上被视为吉祥之物,所以它和整个寺庙的福寿主旨十分谐调。

据佛教传说,此石龟名"赑屃",是东海龙王所生九子的第八子,因而称它为"王八"。它性情憨厚,适负重,加之喜文字,又是吉祥的象征。所以龙王就将驮御制碑的任务交给了它,并派了鱼、鳖、虾、蟹四大名将来守卫它。

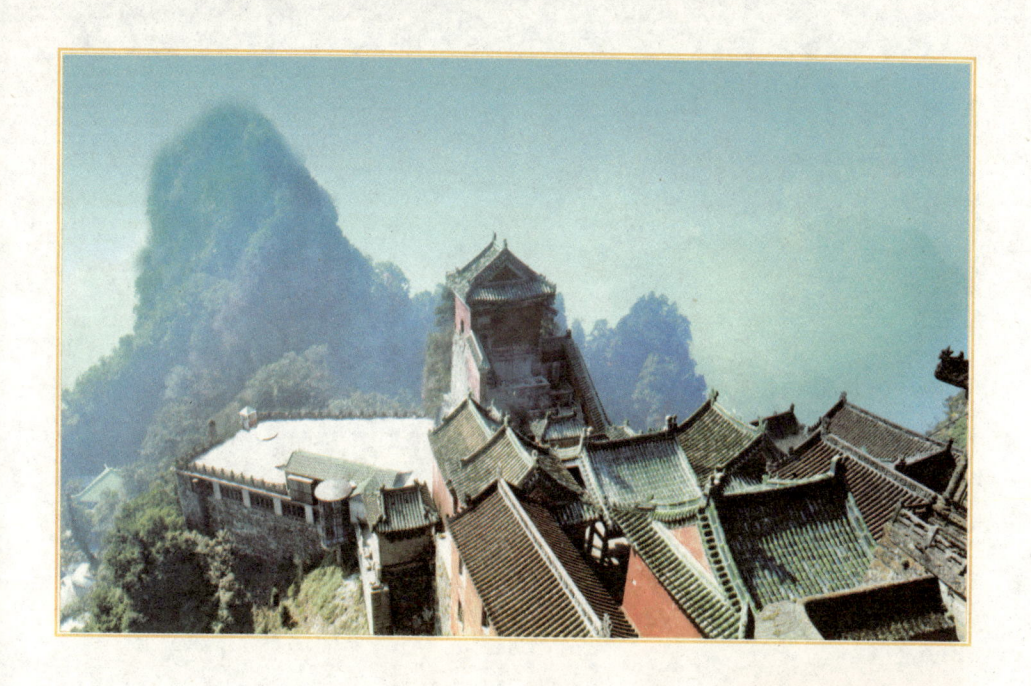

# 武当山建筑

　　武当山，道教圣地，位于湖北省西北部的十堰市丹江口境内，又名太和山、谢罗山、参上山和仙室山，古有"太岳""玄岳"和"大岳"之称。

　　武当山是道教名山和武当拳的发源地，被誉为"亘古无双胜境，天下第一仙山"。明代时，武当道教达到鼎盛，其道场被明代皇帝直接控制为"皇室家庙"。

　　著名的建筑群有五龙宫、金顶、南岩宫、紫霄宫、太子坡、玉虚宫和太极湖等。

# 隋代后武当道观日益兴盛

　　武当山位于湖北西北部的十堰丹江口境内，西界堵河，东界南河，北界汉江，南界军店河和马南河，古有"方圆八百里"之说。

武当山主峰天柱峰，海拔约1.6千米。天柱峰被誉为"一柱擎天"，因四周群峰向主峰倾斜，形成了"万山来朝"的奇观。

武当山古建筑群分布在以天柱峰为中心的群山之中，总体建筑设计匠心独运，或宏伟壮观、或小巧精致、或深藏山坳、或濒临险崖，十分注重与环境的相互补益，具有独特优美的建筑韵律。

同时也很讲究山形水势，聚气藏风，使建筑与自然达到高度和谐，体现了我国古建筑小中见大、以少胜多、疏密得宜、曲折尽致、诗情画意和物与神游、思与境偕的哲学思想。

武当山不仅拥有奇特绚丽的自然景观，而且拥有丰富多彩的人文景观，是自然美与人文美高度和谐的统一，因此，武当山被誉为"亘古无双胜境，天下第一仙山"。

相传武当山在很早的时候，就已经是我国著名的道教名山了，而且久负盛名，是我国著名的道教圣地之一。

东汉末期，由于我国的道教信仰和道教理论已经基本形成，所以武当山开始逐步成为中原道教活动中心的修炼圣地。

隋唐时期，武当道场得到封建帝王的推崇，促进了武当道教的发展，特别是唐代，李唐自称为老子的后裔，认为老子是李唐的祖宗，便扶持和崇奉道教，使之成为我国道、佛、儒三教之首，但首先使武当道教受到皇室重视的是唐太宗时期的著作郎姚简。

唐贞观年间，天下大旱，飞蝗遍地，皇帝下诏天下名山大川进行祈雨，几乎都没有任何感应。奇怪的是后来武当节度使姚简在武当山祷雨居然灵验了。于是，姚简就将此灵异之事奏报了唐太宗李世民。

唐太宗甚为惊奇与感激，因而降旨在武当山建五龙祠以表其圣迹。五龙祠是皇帝敕令在武当山修建的第一座祠庙。此后，又有姚简、孙思邈、陶幼安、吕洞宾等许多著名高道前去武当山隐居修道。

五龙祠位于武当山天柱峰以西的五龙峰山麓，灵应峰下，前为金锁峰，右绕磨针涧，是武当山建筑最早的八宫之一，它历经后来的几代修缮，共建有宫观庙宇850间，规模一度庞大，但后来仅存宫门、红墙、碑亭及泉池和古井等。

据《太和山志》记载，南岩为道教所称真武得道飞升之"圣境"，是武当山三十六岩中风光最美的一处。

唐末宋初时，在南岩始建有南岩宫，又名"独阳岩"、"紫霄岩"，是道教著名宫观，位于武当山的南岩绝壁上，上接碧霄，下临绝壑，周围峰岭奇峭，林木苍翠，山势飞翥，状如垂天之翼，以峰峦秀美而著名。

当时，八仙之一的吕洞宾就曾在南岩修道，后来南岩宫还一直留有他作的一首诗。史书盛赞南岩是"分列殿庭，晨钟夕灯，山鸣谷震"，并把"晨钟暮鼓"用作了"晨钟夕灯"，说明当时南岩建筑布局错落有致，到了晚上，灯火成了别具特色的景观。

北宋时期，由于朝廷极力推崇和宣扬武当真武神，真武神的神格

地位不断提高，也促使武当道教的形成和在社会上的影响日益扩大。

1018年，宋真宗赵恒因避所尊圣祖赵玄朗名讳，改玄武为"真武"，加封真武号为"真武灵应真君"，并尊其为"佑圣帝君"。同时，他还诏令建祠塑像崇祀，将五龙祠升格为"五龙观"。

宋仁宗赵祯即位后，他推崇真武神为"社稷家神"，并建真武庙塑像崇祀。到了宋徽宗赵佶统治时期，武当道教得到进一步发展。

宋徽宗不仅赐予真武神"真武"封号，还扩建五龙观，在武当山大顶之北创建了祭祀玄武的紫霄宫以虔诚祭祀。在当时，紫霄宫是武当山上首座以祭祀玄武真君为主的天柱峰金殿宫观。

到了南宋时期，"玄武"信仰已经非常普遍，包括玄武修道武当山的传说都已经相当地深入民心。除宋宁宗赵扩和宋理宗赵昀等也先后赐予真武神"真武"封号，虔诚祭祀外，南宋进士王象之等也附会五龙观为玄武真君隐居的地方。

当时的著名道士邓若拙、房长须、谢天地和孙寂然等也纷纷去武当山修道，宣传道经，使武当道教得到了进一步发展。但后来，由于宋元交兵，湖北均州，就是后来的湖北丹江口也遭兵灾，它所辖的武当山的宫观因而受到了严重的破坏。

1267年，元世祖忽必烈定都北京。传说一年冬天，有龟蛇出现在京西郊的高梁河，大臣们纷纷上奏说是玄武显灵，皇帝自此特别崇奉玄武真君，道教深受元朝统治者的恩宠，武当山也因此成为了元朝皇帝"告天祝寿"的重要道场，武当道教得到充分发展。

当时在民间，朝山进香信士很多，香火很旺。"三月三真武圣诞节士女会者数万，金帛之施，云委川赴。"著名道士汪真常、叶云莱、张守清等迅速发展教团组织，武当道教的社会影响越来越大，武当山成为与天师道本山、龙虎山齐名的道教圣地。但不幸的是，紫霄宫毁于1270年的一场大火中。后来，元朝在高梁河筑昭应宫以祭祀玄武。

元代全真道士汪真常入住武当山后，他在1275年率领徒众鲁大宥等人重建五龙观。1278年以道法术数著名于世的道士赵守节，领其徒重修武当佑圣观。

1286年，元世祖孛儿只斤·忽必烈借重道教，重建五龙观，升观为宫，命法师叶希真、刘道明、华洞真充任武当山都提点，并屡降御香至武当山祝愿祈福。

五龙宫的元君殿内供奉着铜铸鎏金玄天真武的神像，高达1.95米，是武当山最大的真武神铜像。五龙峰右山坡下立有"大五龙灵应万寿宫碑"。

五口五龙井分两排并列于五龙宫道院内，历来是皇帝在五龙宫建醮祭神的投简之地，地位极高，更为奇特的是只要在一口井中汲水，其他四口井的井水随之波动。

在五龙宫石殿门前悬崖上，有一横空出世的雕龙石柱，离地面约30米高，长3米，宽0.3米，石柱顶端刻着龙头，头朝正南方向，龙头上

雕着香炉，龙身雕着云朵，这就是龙头香。

在当时，除了五龙宫外，元朝还建有琼台观称为"琼台宫"，位于天柱峰东南麓约10千米，分为上观、中观、下观，后来修葺扩建有24座道院，庙房数百间。

1304年，元朝又在武当山兴建了福地门、天乙真庆宫、玉虚岩庙、雷神洞岩庙和尹仙岩庙等100余栋建筑。

## 知识点滴

唐代贞观年间，武当山一带多年大旱，庄稼颗粒无收，当地的州官对此束手无策，唐太宗李世民得知情况后就派遣均州太守姚简前去祈雨，以解困百姓。

当姚简来到五龙祠后，在梦中遇到了红脸、黄脸、蓝脸、绿脸和灰脸的几位仙风道骨自称为五龙君的五位儒生，姚简向对方说明来意后，五位儒生现场做法，果然大雨倾盆，解除了当地居民的干旱之灾。

唐太宗得奏是贤明的皇帝感动了神灵，神灵才会来相助，于是下旨就在五位儒生祈雨之处建造五龙祠，后赐名五龙观。此后，每年都有地方官到这里祈求风调雨顺。

# 明成祖敕建武当山宫观

　　1368年，燕王朱棣，就是后来的明成祖，他曾借"皇权神授"宣称他将来必有大作为，是因得到了武当山玄武真君的荫佑。

　　明成祖朱棣在功成登基成为永乐皇帝后，立即大兴土木，北修故

宫，南修武当，而后者便是为了酬谢神灵，巩固统治。

与此同时，明成祖还把玄武真君钦定为皇室的主要保护神，这些举动为武当道教的鼎盛拉开了序幕。由于朱棣对玄武真君的尊崇，武当山被封为"太岳"、"玄岳"，为"天下第一名山"。

在这以后，明朝的历代皇帝也一直把武当山道场作为专为朝廷祈福禳灾的朝廷家庙，扶持武当道教，加封武当山，扩建宫观，使其成了全国的道教活动中心。

在明永乐年间，明成祖曾经多次下旨，策划营建武当山道教宫观。1412年派遣工部大臣率军民工匠20万人，开赴武当山大兴土木。

历时13年，从筠县，就是后来的丹江口城内的净乐宫至天柱峰金顶之绵延70千米的路旁，共建成9宫、9观、36庵堂、72岩庙、39桥、12亭等33处道教建筑群，面积达160万平方米。

1412年，紫霄宫得到重建。紫霄宫位于天柱峰东北，背依展旗峰下，距复真观7.5千米。面对照壁、三台、五老、蜡烛、落帽、香炉诸峰；右为雷神洞；左有禹迹池和宝珠峰。此地周围岗峦天然形成一把二龙戏珠的宝椅，所以明成祖封之为"紫霄福地"。

在紫霄宫中，对称耸立着两座御碑亭，为1412年敕建，坐落在高大石台之上。亭呈方形，四面各开拱门。两座碑亭内分别置巨龟趺御碑，两通御碑，一是圣旨碑，颁布明成祖对武当山的管理规章；二是纪成碑，记述着永乐皇帝为什么要修武当山及其过程。

御碑是用整块青石雕琢而成。雕刻精细，造型逼真，形体完美，是世界罕见的石雕艺术品，极为珍贵。

紫霄宫内主体建筑紫霄大殿，又称"紫霄殿"，为紫霄宫正殿，是武当山保存下来的唯一的重檐歇山式木结构殿堂。建在三层石台基之上，台基前正中及左右侧均有踏道通向大殿的月台。

大殿面阔进深各五间，高18.3米，阔30米，深12米，面积358.8平方米。共有檐柱、金柱36根，排列有序。紫霄大殿上下檐保持明初以前的做法。柱头和斗栱显示明代斗栱的特征。梁架结构用九檩，保持宋辽以来的用材比例。

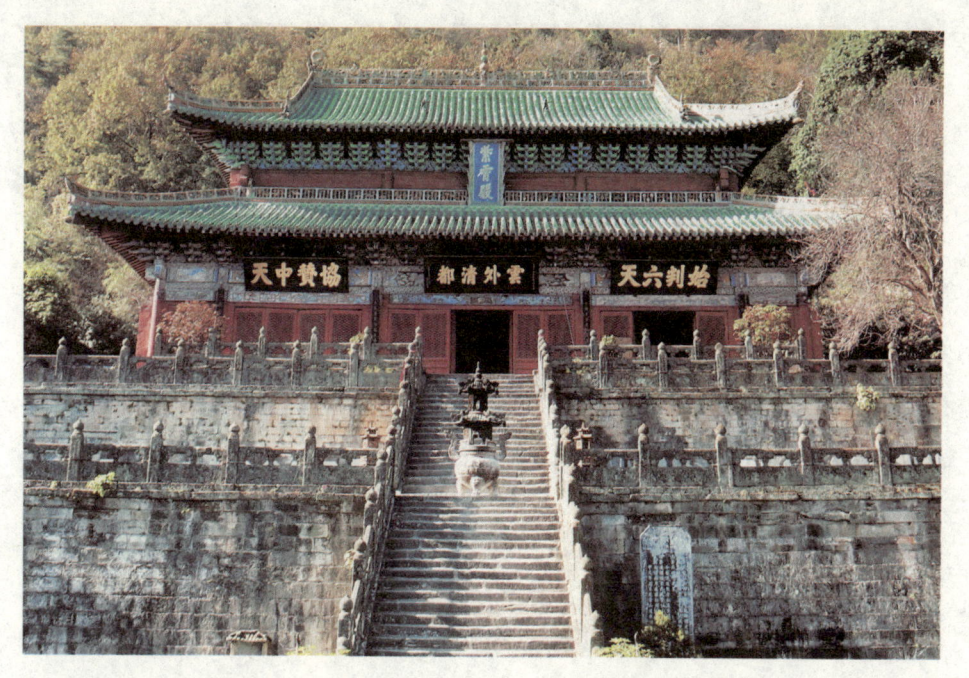

紫霄大殿内部，金柱斗栱，施井口天花，明间内槽有斗八藻井。大殿正中神龛供奉真武神像，为明代泥塑彩绘贴金，高4.8米，是武当山尚存最大的泥塑像。

这里还供奉着一尊纸糊贴金神像，是我国最早、保存也最完好的纸糊神像，它集聚了我国古代纸糊、雕塑、贴金、彩绘、防腐等工艺的精髓，是一件文物珍品，对研究我国古代纸糊工艺有很高的价值。

明间后部建有刻工精致的石须弥座神龛，其中供玉皇大帝，左右协侍神像，均出自明人之手。

紫霄殿的屋顶全部盖孔雀蓝琉璃瓦，正脊、垂脊和戗脊等以黄、绿两色为主镂空雕花，装饰丰富多彩华丽，为其他宗教建筑所少见。

紫霄大殿屋脊由六条三彩琉璃飞龙组成，中间有一宝瓶，因为宝瓶沉重高大，由四根铁索牵制，铁索的另一头系在四个孩童手中。

传说，这四个孩童护着宝瓶，无论严寒酷暑和风雨雷电，他们都

坚守岗位，确保宝瓶不动摇。因为所在位置比殿里供奉的主神还高，所以叫他们"神上神"。而老百姓看他们长年累月地风吹日晒，则叫他们"苦孩儿"。

整座大殿雕梁画栋，富丽堂皇，构思巧妙，造型舒展大方，装修古朴典雅，陈设庄重考究。

朝拜殿位于紫霄宫第三级阶台之上，原是云游道士挂单的地方。相传明朝时，香客信士只能在此朝拜真武，只有皇上到武当山祭祀时才能到紫霄大殿，因此称为朝拜殿。紫霄宫朝拜殿还有一个重要的用途，就是道教内部十方丛林道士挂单的地方，所以又叫"十方堂"。

十方堂建于1412年。殿堂两侧建有八字墙，墙上饰琼花、珍禽图案，墙下为琉璃须弥座。殿内正中供奉铜铸鎏金真武像。

据记载，武当山在明朝成为全国的道教中心，全国各地道士游方挂单者络绎不绝，因此设立十方堂，专门安排接待来往道士。

在紫霄大殿后的高大台基上建有父母殿。父母殿内古树参天，清山如黛，高敞清幽，是武当山最佳胜境之一。紫霄宫父母殿为三层砖木结构。

殿内设有三座神龛，正中神龛上供奉真武大帝生身父母明真大帝和善胜皇后的造像，道士信徒尊称为圣父圣母。

1412年，明成祖还敕建重修了南天门、碑亭、两仪殿等建筑，并赐额"大圣南岩宫"，当时有大小殿宇640余间。

南岩宫建筑群在总体布局上匠心独运，巧借地势，依山傍岩；在手法上打破了传统的完全对称的布局和模式，座座宫室镶嵌于悬崖峭壁，虽系人工，宛若天成，使其与环境风貌达到了高度的和谐统一，营造了"天人合一"的至高意境。

南岩宫当时主要建有天乙真庆宫石殿、两仪殿和南天门等21栋建筑物，建筑面积3505平方米，占地90000平方米。南岩宫外岩北有老虎

口，岩南峰峦之上有梳妆台、飞升台等古迹。

南岩石殿额书"天乙真庆宫"，坐北面南，建于悬崖之上，为石雕仿木构建筑，其梁柱、檐椽、斗拱、门窗、瓦面、匾额等，均用青石雕琢，榫卯拼装。面阔三间11米，进深6.6米，通高6.8米，梁、柱、门、窗等均以青石雕琢而成，是武当山遗存中最大的石殿。

石殿顶部前坡为单檐歇山式，后坡依岩，做成悬山式，檐下斗拱均做两跳，为辽金建筑斗拱的做法。殿内有"天子卧龙床"组雕和"三清"塑像，四面环立500铁铸灵官塑像，均生动逼真。

殿体坚固壮实，斗拱雄大，而门窗纹饰则刻工精细，技艺高超。由于石构件颇为沉重，且又在悬崖峭壁上施工，难度很大，这也充分体现了我国古代工匠的聪明智慧和高超技艺。

南岩石殿的大殿丹墀之下为青石墁地院落，中有一口古井，名"甘露井"，井台以青石雕制，六角饰栏，水质清冽甘甜，犹如甘露。

从皇经堂到两仪殿之间南岩宫长廊，遍布摩崖石刻，其中最负盛名的当数明嘉靖初年内阁首辅夏言和其弟子王顒所题"寿福康宁"四字。

南岩殿外远近有叠字峰、金鼎峰、滴水崖、崇福崖、白龙潭等胜景，更有仙山楼阁之妙。

南岩石殿外崖前有一石雕龙首，横出栏外，长2.9米，宽仅0.3米，从悬崖峭壁上横空出世，下临深涧，龙头顶端置一香炉，面对金顶，这便是号称"天下第一香"的"龙头香"。

石殿右下方崛起一峰，上建梳妆台、飞身岩，相传为"真武"舍身成仙之所。

两仪殿位于石殿"天乙真庆宫"右侧，坐北朝南，面临大壑。歇山顶式，砖木结构建筑，琉璃瓦屋面。殿后依岩为神龛，正面为棱花格扇门，安在前金柱上，与檐柱形成内廊，直通石殿。面阔三间，进深3.9米，通高7.29米。

复真观又名"太子坡"，始建于1412年，是武当建筑群中的一个较大单元。据记载，当时的主要建筑有玄帝殿宇、山门、廊庑等29间。

复真观坐落在武当山狮子峰60度陡坡上,含建筑20栋,建筑面积3505平方米,占地60000平方米,被建筑学家赞誉为:利用陡坡开展建筑的经典之作。复真观背依狮子山,右有天池飞瀑,左接"十八盘"栈道,远眺似出水芙蓉,近看犹如富丽城池。

古代建筑大师们巧妙地利用山形地势,不仅创造出16000平方米的占地面积,而且数百余间殿宇结构出"一里四道门"、"九曲黄河墙"、"一柱十二梁"和"十里桂花香"等著名景观。

复真观的山门内,是建在古道上、依山势起伏的71米长红色夹墙,状如游龙,俗称"九曲黄河墙"。九曲黄河墙构思布局及用意都十分巧妙,流畅的弧形墙体,似波浪起伏,气势非凡。

九曲黄河墙的墙体厚1.5米,高2.5米,浑圆平整,弧线流畅悦目;配以绿色琉璃瓦顶,犹如两条巨龙盘旋飞腾,无论从什么角度欣赏,都给人以美感,体现出皇家建筑的气派和豪华。

关于九曲黄河墙名称的来历，道教思想认为，给道教庙宇布施道衣、经书、造像、建筑、法器、灯烛、钟磬、斋食、香表者，都可以得到神灵的佑护，称为"九种功德"。所以说，九曲黄河墙就是体现道教思想的一种建筑。

复真观大殿，又名"祖师殿"，是复真观神灵区的主体建筑。通过九曲黄河墙、照壁、龙虎殿等建筑物的铺垫渲染，在第二重院落突起一高台，高台上就是复真观大殿，富丽堂皇的大殿使人感到威武、庄严、肃穆，顿生虔诚之感。

复真观大殿内，供奉真武神像和侍从金童玉女。更值得一说的是，一组巨大的塑像为武当山最大的彩绘木雕像。

在其左侧道院建有皇经堂、芷经阁、庙亭、斋房，随山势重叠错落。在其前面建有五云楼，也叫"五层楼"，高15.8米，是武当山最高的木构建筑。

五云楼采用了民族传统的营造工艺,墙体、隔间、门窗均为木构,各层内部厅堂房间因地制宜,各有变化。五云楼最有名之处就是它最顶层的"一柱十二梁",也就是说,在一根主体立柱上,有12根梁枋穿凿在上,交叉迭搁,计算周密。

这一建筑学上的构架,是古代木结构建筑的杰作,历来受到人们高度赞誉,因而也成了复真观里的一大观。

在复真观建筑群的最高处,耸立着明代建造的太子殿,小巧精致又不失皇家建筑的气魄。太子读书殿里,布置得独具匠心,摆放着少年真武读书的壁画、石案、笔墨、古籍等。

所营造的刻苦读书的氛围,让人联想到当年幼年太子生活学习的艰辛、信心和恒心。殿内供奉有铜铸太子读书像,是武当山唯一求学祈福之地。

## 知识点滴

明代时,由于道教全真派自兴创时就提倡三教合一,其门徒皆遵从始祖王重阳"儒门释户道相遇,三教从来一祖风"的办道原则,改变"出家人六亲不认"的旧章,宣扬孝道。

于是,父母殿便成为敬奉父母的殿堂,用以教化世人。因此,武当山道教也有"三教合一"的说法。

据考证,父母殿始建于明永乐年间,早年毁废,后来建筑为清末重建,遗存有清代的建筑风格。武当山各大宫观都设有父母殿,是武当山皇家庙观的重要特征之一。

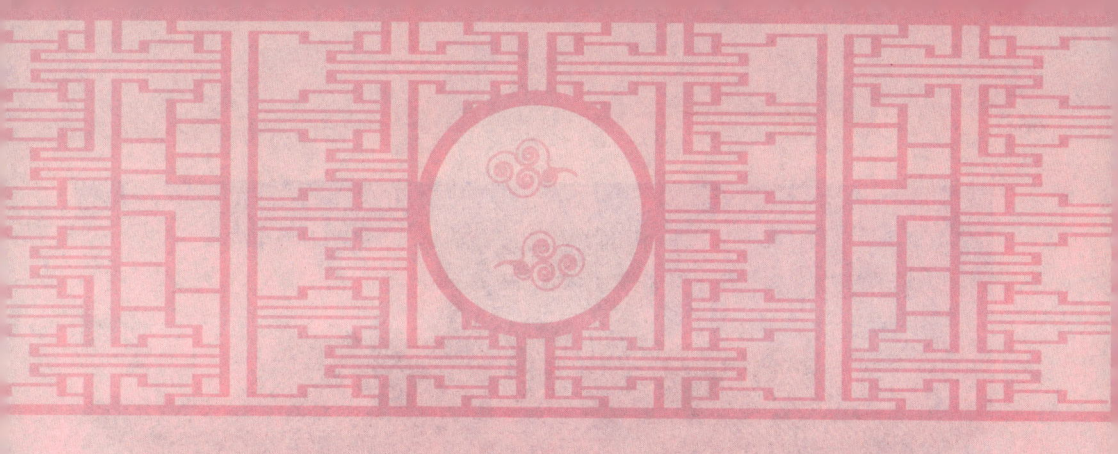

# 武当山道教建筑初具规模

1413年,明朝在武当山北麓始建净乐宫。净乐宫东西宽353米,南北深345米,面积达十多万平方米,其规模位居武当山八宫之首。

相传，八仙宫所在地曾是真武大帝之父净乐国王的治地，后来因明成祖赐额"元天净乐宫"而得名净乐宫。

净乐宫中轴线上为四重殿，一进为龙虎殿，二进为朝拜殿，三为玄帝殿，四为圣父母殿，各殿均耸于饰栏高台之上，宫门前是六柱华表式冲天大石牌坊。

净乐宫牌坊通高12米，宽为33米。牌坊内是净乐宫山门，为单檐歇山式建筑，开三孔大门，建造在高1.5米，宽41米，深32.2米的条石砌成的台基之上，砖石结构，门两侧是绿色琉璃八字墙。

二宫门内是正殿，又名玄帝殿，其规模法式与紫霄宫现正殿相似。面阔五间，进深五间，上施绿色琉璃瓦，重檐歇山式砖木结构。

在净乐宫后，建有圣父母殿，东有紫云亭。净乐宫原有东、西二宫，西宫后侧为御花园。尚有斋堂、浴堂、神厨、道房、配房、皇经堂、东西龟驮御碑亭、常平仓、更衣亭等单元建筑。

净乐宫宫内殿堂、廊庑、亭阁及道舍等建筑520余间，四周红墙碧瓦环绕，宫内重重殿宇，巍峨高耸，层层院落，宽阔幽深，环境幽雅，宛如仙宫。

在明、清名人游记中，把净乐宫描绘成皇帝居所，气势近似于北京故宫，故有"小故宫"之称。

净乐宫的镇宫之宝为一尊巨大的石龟，这尊石龟作爬行状，仿佛随时都要出城去。在净乐宫有东西两座碑亭，两尊大石龟分别驮着两通巨型石碑，碑上刻有明成祖当年为修建净乐宫所下的圣旨。

此碑通高8.5米，每座重约102吨，其中碑帽重8.5吨，碑版重17吨，最重的要数石龟本身，竟有76吨重。

磨针井又名"纯阳宫"，始建于1413年，在武当山的登山道旁，是一座纤巧玲珑、布局紧凑的道院。磨针井周围峰峦拱拥，翠林环

绕，竹铺凉云，梅送暗香，被誉为"竹月梅风巧相映"的胜境。

玉虚宫全称"玄天玉虚宫"，始建于1413年，位于武当山主峰西北，坐落在约5000平方米的盆地之上，距玄岳门西约4千米，其规制谨严，院落重重，是武当山建筑群中最大的宫殿之一。

道教指玉虚为玉帝的居处，因真武神为"玉虚师相"，所以此宫建成后起名"玉虚宫"。

在明代永乐年间，明朝"北建故宫，南修武当"时，这里为大本营，常有军队扎营，故俗称"老营宫"。当时，明朝在武当山建造了规模宏大的皇家庙观，而玉虚宫则是整个建筑群中最大的庙宇。

其规制之宏伟，与北京太和门太和殿的气派相似，"玉虚仿佛秦阿房"，由此可见玉虚宫当年何等气派。相传，玄武得道升天后曾被玉皇大帝嘉封为"玉虚相师"，故玉虚宫建成后，永乐皇帝朱棣钦定为"玄天玉虚宫"。

1416年，明成祖下令拨徒流人550户、3123人送往武当山垦荒，每年交纳斋粮、茶、盐及棉花，供养宫观。

令均州驻军专一巡视山场，派役夫洒扫宫观和烧造砖瓦，维修宫观，令湖广布政司定时巡视监督。设宫铸印，守护宫观，封武当山为"太岳太和山"。就在这一年中，太和宫、紫金城、金殿等相继建成，武当山至此成为皇家庙观。

太和宫位于武当山主峰天柱峰的南侧，始建于1416年，包括古建筑20余栋，占地面积8万平方米，建筑面积1600多平方米。由古铜殿、紫金城和金殿等主要建筑组成。

太和宫正殿供奉着真武大帝坐像，龛上有金童、玉女侍立两侧，龛下列侍邓伯文、杨戬、赵公明、温天君、马天君、水火二将军等天神尊像。

殿门上有"大岳太和宫"横额，殿门左右有两通铜碑，一碑为祭

祀碑；一碑为"敕建大岳太和山天柱峰第一境北天门外苍龙岭新建三界混真雷坛神像记"碑。

在太和宫殿前、武当山主峰前，有一座状似莲花的平台称"小莲峰"，台上置一小铜殿，俗称"古铜殿"，悬山式屋顶，殿体全部构件由铜铸构件拼装而成，卯榫拼装。各铸件均有文字标明安装部位，格扇裙板上铸有"此殿于元大德十一年铸于武昌梅亭万氏作坊"，是我国最早的铜铸木结构建筑。

太和宫古铜殿殿高2.9米，宽2.7米，进深2.6米，为1307年由湖北、河南等地的信徒捐资铸造，为我国现存的最早一座铜殿，有很高的文物价值。

这座元代的铜殿最早安置在天柱峰上，1416年移置于此，故又称"展转殿"、"转运殿"和"转身殿"。民间传说，环绕铜殿一圈，可转运得福。

此外，在太和宫前还建有朝拜殿，周列石碑，也有清代康熙皇帝敕"祝寿祈福文"、乾隆皇帝敕"豁免香税文"和道光皇帝敕"四楼轮换主持金顶文"等碑,还有诗刻碑《游天柱峰》。

朝拜殿的两侧为钟鼓楼,钟楼上悬挂着一口巨型铜钟,高1.57米,直径1.43米,为1415年铸造,音质清澈,万山回应。

朝拜殿右折便是皇经堂,殿堂三间,中悬"白玉京中"额,左悬"道济群生",右悬"孚佑下民",廊壁有"松鹤"图。堂的门楣、门窗浮雕道教故事。殿中供奉的神像有三清、玉皇、真武、观音、吕洞宾、灵官等,塑造精美,形象生动。

在皇经堂附近有天云楼、天鹤楼、天乙楼、天池楼等遗址。吊钟台上有口巨大铜钟,高1.7米,直径1.1米,双龙钮吊莲花式,上铸有铭文:"大明永乐十四年龙集丙申三月吉日敕建大岳太和山青微宫。"

离皇经堂不远就是紫金城的所在地南天门。紫金城又称皇城,始建于1419年,是一组建筑在悬崖峭壁上的城墙,环绕于主峰天柱峰的峰顶。周长345米,墙基厚2.4米,墙厚1.8米,城墙最高处达10米,用

每块重达500多千克的条石建筑在千仞危崖之上，墙上窄下宽，里看墙体向外倒，外望墙体向里斜，远眺如美丽的光围环绕金殿。

紫金城按我国天堂的模式建有东、南、西、北四座石雕仿木结构的城楼象征天门，该石雕建筑在悬崖陡壁之上，设计巧妙，施工难度大，是明代科学与艺术相结合的产物。

紫金城的东西北三门面临绝壁，唯南天门可通金殿。南天门内有灵官殿长廊，廊内有小巧玲珑的锡铸灵官殿，殿高1.5米，宽1米，内供灵官神像。在灵官殿右侧是明清时期的御制石碑六通。

在紫金城南门长廊的不远处，经"九连磴"，9转165级石梯，可达驰名中外的武当山金顶，俗称"金殿"。

此殿为铜铸仿木结构宫殿式建筑，始建于1416年，位于天柱峰顶端的石筑平台正中，面积约160平方米，朝向为东偏南，是我国最大的铜铸鎏金大殿。

早在15世纪，我国建筑和铸造就能取得这样卓绝的成就，实为我国古代建筑和铸造工艺史上极其光辉的一页。我国建筑学家将金殿称为"古今第一殿"。

金殿殿基为花岗岩石，四周装饰着华丽的白石花栏杆，立柱12根，柱上叠架、额、枋及重翘重昂与单翘重昂斗拱，分别承托上、下檐部，构成重檐底殿式屋顶。正脊两端铸龙对峙。

四壁于立柱之间装四抹头格扇门。殿内顶部做平棋天花，铸浅雕流云纹样，线条柔和流畅。地面以紫色石纹墁地，洗磨光洁。

金殿的屋顶采用"推山"做法。殿内于后壁屏风前设神坛，塑真武大帝坐像，身着袍衬铠，披发跣足，风姿魁伟，庄严肃穆，像高1.86米，重达10吨。

真武大帝左侧侍金童捧册，右侧侍玉女端宝，水火二将，执旗捧

剑拱卫两厢。坛下玄武一尊，为金婉合体。坛前设香案，置供器等均系铜铸鎏金。神坛上方高悬镏金匾额，上铸"金光妙相"四字。殿外檐际，悬盘龙斗边镏金牌额，上竖铸"金殿"两字。

在金殿中的藻井上，悬挂着一颗流金宝珠，人称"避风仙珠"。即使殿外山风呼啸，殿内神灯仍长明不灭，熠熠生辉。

实际上由于金殿在建造时，不仅考虑到精密铸件的热胀冷缩系数，而且焊接严实，毫无铸凿痕迹，除殿门外，整座殿堂拼合得无隙无漏，殿内空气绝不能形成对流，因此狂风暴雨也不能对神灯有丝毫影响。

"雷火炼殿"是金顶一大奇观。每当多雷季节，由于雷电而产生的火球在金殿四周的铜柱上滚动，十分壮观。更为奇特的是，每次雷火之后，金殿四周铜柱上的锈就会消失。金碧辉煌，宏丽如初，是我国古代建筑和铸造工艺之中的稀世珍宝。殿前两楼，一为"金钟"，一为"玉磬"，均是铜铸建造。

## 知识点滴

武当山紫金城的金顶，向来为武当山的一大著名景观，尤其是雨过天晴时，紫金城金顶上空紫气氤氲，祥光霭瑞，云端上映出金光闪烁的金殿和真武神像，有时甚至会有游客也映入云端。这种景色，稍纵即逝，如海市蜃楼，美丽至极，成为金顶一大奇观。

武当山紫金城的金顶，因其有稀世国宝的金殿，而且位居武当山峰较高处，有一览众山小的美妙，有千奇万幻的景观，所以自建成起，就吸引了众多的香客游人，甚至有"未到金顶不算上武当"之说。

# 俞源村建筑

俞源村坐落于浙江省金华市武义县西南部，距县城20千米，是明代开国皇帝朱元璋的国师刘伯温按天体星象布局设计的古村落，是全国最大的俞氏家族聚居之地。

俞源村古建筑群是古人追求"天人合一"的经典遗存，是"罕见的地上天体星象奇观"。俞源村历史文化遗存丰富，保存着较为完整的传统村落格局，村内遗存宋、元、明、清各个时期的古建筑达1072间，占地34000平方米。

古建筑形态多样，三雕（砖雕、木雕、石雕）精致，壁画精美完好，是我国华东地区建筑体系最完整的古村落。

## 以天体现象进行设计布局

俞源村位于浙江九龙山下、武义西南部,整个村庄被群山所围,地势由东南向西北缓降。发源自九龙山的溪流横穿整个村庄,与另一条小溪汇合折向村庄的北豁口,这条溪流为俞源全村的人居提供了充足的水源。

俞源起源于南宋。最早先入住该村的,只有朱、颜两姓住户。后来,由于俞氏一姓的入住,该村人丁兴旺起来,而朱、颜两姓却渐衰以至消失,村庄名也因而改为"俞源"。

俞氏始祖为俞德,字处约,原籍浙江杭州。俞德因学业有成,被荐举为浙江松阳教谕。

他在任期间,经常往返于括、婺之间,就是后来的浙江丽水、金华,路过九龙山下的一处小村,此处溪山、田园之美深为他所喜爱。于是他当官不久,就离任率家小前去定居。俞氏初来时定居于东溪之南、西溪之东的前宅。

后来远近闻名的圆梦胜地俞源村洞主庙,就始建于南宋。洞主庙坐落于九龙山北麓龙宫山下,四面环山,环境清幽、夏凉冬暖,来自九龙山的小溪与来自龙宫山谷的小溪流在此汇合,成为俞源村的内水口,为俞川十景之一的"琳宫晚钟"。

洞主庙占地面积1500平方米,庙宇分正殿、清幽阁、两厢及附屋,共40间,造型精巧,古朴端庄。殿旁有高大的古樟树,树下有"梦仙桥",古树、石桥、古庙融为一体,如同一幅古画。洞主庙对

面的梦山，翠竹茂密，果木飘香。

洞主庙素有"洞天清幽，避暑仙府"之美称，洞主庙远近闻名的是它的圆梦文化。俞源洞主庙以"圆梦"取胜，每年农历六月二十六洞主庙的"圆梦节"，是俞源的传统习俗，也是俞源古代文化的一个特色。

传说"俞源祀清源妙道真君祈梦甚灵。"因此，各方善男信女，虔诚而至，有的祈福消灾，有的保佑发财。圆梦节前后，更是车来人往，络绎不绝，多时达数千人之众。

庙内佛堂前八间上下厅、两边六间小厅、饭厅以及圆梦楼三层屋18间全部客满。许多人为圆一梦甚至在庙前庙后、村头至村尾席地而卧，直到东方破晓。后来，圆梦活动逐步演变成为一种文化活动。

元末时，俞源俞氏自五世俞涞开始人丁兴旺，成为后来俞源村人口发展的主要源头，也是全国规模最大的俞姓聚居地之一。

俞涞，字巨川，号二泉，1354年时因其令四子组织民兵武装，惩处盗贼，保护郡邑，并倾己之所积，以赏卫士的义举，元朝廷升任他为处州府署，当时的元朝廷监司、元代著名将领石末宜孙夸赞他为"义民万户"。

由于俞涞此举为朝廷立下汗马功劳，俞源名声一跃而起，一时名闻遐迩，并有了"大甲邑"的美誉。史料记载，俞源村当时兴建了两座石拱桥，其中的一座利涉桥后来一直正常通行。

到了明初，当时有个叫刘伯温的人，他不仅精于相地之术，而且上通天文，下晓地理，是大名鼎鼎的明代开国谋士。

传说刘伯温与俞涞曾经是同窗，两人感情甚笃，而且俞源村是刘伯温从婺州、杭州回老家处州青田的必经之路。

据说，那时候的俞源村总是旱涝交替，常发瘟疫，民不聊生。为此，俞涞常觉苦恼。

有一次,当刘伯温途经此地,俞涞也碰巧在家,于是他就请刘伯温帮忙。刘伯温走遍当时的整个俞源后,开始对俞源设计并指挥改村口的"直"溪为"曲"溪,以溪流为阴阳鱼界线设立太极图。同时,村庄建筑按星象、八卦布局设计。

当时,俞源村周围有11道山冈与太极阴阳鱼构成天体黄道12宫,八卦形排列的28座堂楼,对应星象二十八宿。还布置了七口水塘作补充,七口水塘按北斗七星布局,称"七星塘""七星神塘",分别位于村内的上菜园、大菜园、六峰堂、水碓塘边、下田、上泉和下泉。

俞源其他的公共建筑,位于七星塘周围,如后来的俞氏宗祠位于北斗七星的斗口,而南宋时所建的洞主庙则位于北斗七星的斗尾了。由于其独特的村落布局,人称俞源为"太极星象村"。

"S"形溪流正好是一条阴阳鱼的界线,把田野分成太极两仪。这两极就是后来人称为的"西溪"和"东溪"。

自清风岭外来的叫西溪，由南而北流到俞源，大约8米至10米宽，溪西阴鱼则稻谷金黄，鱼眼处高山田畈，种着旱地作物；九龙山来的叫"东溪"，自东南向西北流到俞源，大约10米至15米宽。溪东阳鱼古树参天，鱼眼是一池圆形小塘。

东溪又有两个源头，一个大致在正东，出自仙云山和龙宫山之间的峡谷，叫"仙云水"；一个偏东南，出龙宫山的峡谷，因上游有沉香托梦的名胜龙潭，故叫"龙潭水"，两水在洞主庙前合流。东溪和西溪在俞源村西侧，汇合成"俞川"，随后直下武阳川奔浙江钱塘江而去。

此后，俞源的民居就主要围绕由东向西的一条溪流顺势而建，便于充分利用水源。大多数建筑都朝向南部的梦山，既满足了精神寄托又可充分利用阳光。

建筑高大宽畅，天井开阔，使民居内受光充足，通风良好。建筑选材精美，天井、道路的材料多用就地取材的鹅卵石，图案优美，做工考究。

贯穿东西七星塘、七星井的是极周到的防火设施，而且寄寓了消灾祈福的精神寄托。如此等等，使村落的布局、建筑的结构既与环境相协调，又利于人类居住，使"天人合一"的生态思想应用得极其完美。

在明代嘉靖、隆庆年间，俞源村文风鼎盛，出过尚书、大夫、进士、抚台、知县、举人等数百人，村人读书成风，历代书香不绝。

明代文学家宋濂、明初大臣章溢、明代翰林院士苏平仲，明代文学家、戏曲家冯梦龙，明代文学家、小说家凌蒙初等名家与俞源村都有着不解之缘。

为光宗耀祖，俞氏子孙于1567年筹资大兴土木扩建俞氏宗祠。1572年，贡生俞世美进京朝觐时，明代著名清官、人称"清词宰相"

的严讷还专门为俞氏宗祠题赠了"壬林堂"三字。

俞氏宗祠原称"孝思庵",是俞涞的四个儿子为其所建,据说,俞氏家族之所以人才辈出,就是因为"孝思庵"恰好坐落于天枢、天璇、天玑和天权四星所组成的七星"斗魁"之内,而"魁星"又称为文昌星。

此外,"孝思庵"当时还有个极富诗意的堂号"流水堂"。此名为春秋时期的晋国大夫俞伯牙与春秋时期的楚国鼓琴师钟子期的"高山流水"演化而来。

后经扩建后改为宗祠,为浙江当最大宗祠,是俞姓家族祭拜祖先等重大活动公共场所。据俞氏家谱记载,宗祠建设用了整整六年时间,直至1573年才终于竣工。

俞氏宗祠位于俞源村西部,坐北朝南,面向上宅溪,分三进二院,共51间,中轴线上自南往北排列门厅、戏台、中厅、寝堂,两侧廊庑、厢房和附屋,占地面积2753平方米,各进台基依次抬高。

宗祠前有照壁,门前立旗杆石四对,大门左右置抱鼓石一对。俞氏宗祠体量恢宏,院落敞朗,有"处州十

县第一祠"之谓，其戏台亦被称作"八婺第一台"，而古戏台对面正厅中央那块由明宰相严讷赠送的"壬林堂"大匾，更是把俞氏家族当年的声望和地位刻画得淋漓尽致。

门厅后来经过修建，面宽五间，二层，南面设排门，前、后檐施牛腿。戏台平面方形，歇山顶，柱内外两圈用八柱。

俞氏宗祠中厅面宽五间，进深九檩，明间前后双步用四柱，次间抬梁穿斗混合分心用五柱，柱头卷杀，月梁两端刻短鱼鳃纹，檩下托以单拱替木，前、后檐柱头和阑额出斗拱两跳，柱础明、次间用鼓形下垫古镜，梢间用礩形，建筑用材粗大。

俞氏宗祠寝堂面宽五间，进深九檩，檩前五后三，前檐施覆水椽作八檩前双后单步，明、次间用四柱，梢间用五柱，施月梁。

前、后天井两侧设廊庑共六间，抬梁式构架。门厅、中厅、寝堂两侧各有庑屋或附屋若干间。马头墙，硬山两坡顶。

**知识点滴**

据考证，俞源村内共有各类太极图案造型多达401个，配以"七星塘"、"七星井"按天体星象布局。俞源村口占地120亩的巨型太极图直径为320米，堪称全国之最，直径1厘米的微雕太极图是木雕中的精品。

传说，俞源村自明代开国皇帝朱元璋的国师刘伯温为俞源改溪设太极河之后，就再未发生过一次洪灾；据说，"商坐楼"边有口井称"气象井"，天晴水清见底，井水变浑浊定下雨；"声远堂"沿口桁条上九条木雕鲤鱼会随气候变化而变色。

## 清代进入建筑鼎盛时期

清初顺治年间，渝源主要以俞、李两姓为主。俞源李氏始迁祖是李彦兴。李彦兴迁到俞源后，和俞氏此后互通婚嫁，世代和睦融洽。

到清康熙年间，俞源村形态逐渐成为两岔。一岔长，前贴东溪，背靠锦屏山，长约600米，最宽处约170米。再往东南，山谷狭窄而

陡，房基地很少。另一岔短，在东溪西南岸、西溪东岸与小祠堂山之间，东西约200米，南北230米。再往南，小祠堂山根就贴近西溪了。

俞源村落分为三个大区：东溪东北岸的东南部叫上宅；东溪东北岸的北部叫下宅；下宅面对的东溪南岸叫前宅。

上宅和下宅住的都是俞姓人。前宅为俞姓和李姓、董姓杂居：俞姓住北部；南部有个里巷门叫"陇西旧家"，里面住的都是李姓人；董姓人不到10户，也住在南部。

下宅群典型代表建筑六峰堂，建于康熙年间。六峰堂坐北朝南，因其面对六峰而得名，又因其后有"六峰书馆"，又名"声远堂"，由主体建筑、附屋和书馆等组成，门前有照壁，壁前为下宅坛。

六峰堂建筑规模宏大，造作精良，用材考究，雕刻精美，为俞源村古建筑群中的经典建筑之一，具有极高的文物价值。

六峰堂主体建筑由大厅、堂楼和两侧厢楼组成。院墙作四柱三间三楼式，壁面磨砖，花砖垒脊，明间正脊饰吻兽，雕刻华美，门内两侧有旗杆石一对。

大厅面宽三间，进深九檩，前后檐施牛腿托挑檐檩，明间前后双步用四柱，次间抬梁穿斗混合分心用五柱，施月梁，檩间用鸱鱼形单步梁，前檐檩下瑞禽、鱼龙等深浮雕图案极为精美；明间后檐金柱间施排门六扇，次间后檐施花格窗六扇。

堂楼为楼上厅，面宽七间，进深七檩，明间前后单步用四柱，底层有五柱，底层前檐廊。厢楼面宽七间一弄，进深七檩五柱，前檐施牛腿，底层前檐廊。

硬山两坡顶，五花山墙。主体建筑东、西两侧及北侧连有附屋，其与主体建筑之间有骑楼相连通。书馆位于主体建筑北侧，由两个三合院相连而成，均为两层建筑结构。

六峰堂正面的照墙正中，用贴砖砌了一座三开间的牌坊立面。明间开正门，门上匾额"丕振家声"。完全仿木结构，有柱有梁有枋，还有斗拱、呈方、椽头，柱子上甚至用浅浮雕仿彩画的箍头卡子。

墙体下部勒脚装饰着几条水纹的砖雕带。整个做工很严整很严整。

这种贴砖牌坊式门头在俞源不很多，还有"南极星辉"等几个，旁门也用砖门头，有两层牙子和瓦檐，不过都是斗拱和饰带式彩画的。

据说，六峰堂这家前后出过两位拔贡，所以大门内外各有一对旗杆石。大门外的一对旗杆石是俞继昌在康熙年间考取拔贡的标志。

大门内两侧的一对旗杆石，样式与外面相同，只是形体略小，这是俞继昌玄孙考取拔贡所立。因为长辈立在前，所以玄孙的旗杆石只能放在大门之内，而且形体略小，以体现长幼尊卑的封建儒学思想。

在乾隆至道光时期，俞氏、李氏宗族再度崛起，但与前世因科甲功名而繁盛不同，在这一时期里，俞源出的都是大商人。

俞氏的代表人物是上宅的俞从岐和他的儿子俞林檀和俞林模，以及俞君选和俞君泰兄弟。李氏的代表人物是李嵩萃。

在这段时期，俞源掀起改造居住环境的热潮，进入建设家园的鼎盛期。富户不惜血本，雇工兴建厅堂大厦，使俞源村落的布局发生了根本性变化，更趋向人居环境的优美。他们自乾隆以后大规模重建。

嘉庆、道光两朝，为俞源的建设高潮时期，主要建筑在上宅和下宅。上宅最富，建有全村最大、最精美的大型宅子，而且宅子都有花园，所以建筑密度低，巷子比较宽，全用细卵石精铺地面。

下宅只有声远堂一座大宅，其余都是中等住宅，建筑密度大了一些，巷子的卵石较为粗糙。

这一时期里的建筑，上宅的俞姓以万春堂、裕后堂两房份为主，下宅以声远堂、逸安堂两个房份为主。声远堂因为祖屋面对六峰山，这个房份便又叫"六峰堂"。万春堂、裕后堂、六峰堂都是六世祖善麟的后代。

前宅俞姓堂号德馨是六世祖善护一脉。俞氏一些小房份没有堂号，杂住在上宅、下宅和前宅。李姓只有一个堂号，叫"贻燕堂"。

万春堂包括上万春堂和下万春堂。上万春堂为俞从歧建造于1736年，因俞从歧是当地书法家，上万春堂又称"书法厅"。

主体建筑由两个相向相连的三合院组成，中轴线上排列门厅、院墙、正屋，两侧及后侧建有附屋，占地面积1531平方米。

上万春堂建筑体量较大，造作讲究，雕刻精美，与裕后堂、下万春堂有着承前启后的家族关系，是俞源村社会发展历史的产物，具有很高的文物保护价值。

下万春堂为俞从歧次子俞林檀所建。平面形式与上万春堂相同，后进院加挡雨板，入口门前有一对旗杆石。后来，俞林檀第六代孙俞经受画兰花远近闻名，故称此厅为"画家厅"。

整个万春堂为三进院落，第一进三合院的门厅面宽三间，进深八檩，檩前三后四，后檐牛腿托挑檐檩，明间前单步对后双步，月梁两端刻鱼鳃纹，次间用五柱，中柱落地；各檩间施鸱鱼形单步梁，檩两端托以拱花，蝴蝶木固定檩子。

第二进三合院正屋宽七间，进深七檩五柱，底层前檐通廊两尽端设边门与附屋相连。前后进三合院之间的院落之间设院墙，中开大门，墙檐下有壁书题记。

在万春堂前后进两侧厢房为六间二弄，并各设楼梯，厢房底层前檐为前后进相通连的廊子；前院厢房前檐施牛腿。天井地面石板铺筑。硬山两坡顶，五花山墙。主体建筑南北两侧附屋共七座，面向主体建筑相向而建，都有各自的小院落，形成相对独立的空间。

后来，清武义知县张荣橩特意赠匾"惠及行旅"，挂在俞源村万春堂内护门上楣，可见俞源当时客旅盛况，以及俞源村处在古代括婺间交通要道上的重要性。

佑启堂原名"桂花厅"，为俞涞第七代孙俞昱建所建。后进有正屋五间，左右各有一

个楼梯弄，楼上设香火堂。

　　此房派清雍正前后出了个拔贡俞文焕，康熙末年被宣平知事于树范聘为塾师，于树范之子于敏中于1737中状元后，亲笔手书"佑启堂"匾额，以赠恩师俞文焕。后来，佑启堂一直珍藏着当年宣平知事胡必奇撰文、处州教授周雯书写的字画一帧。

　　裕启堂屋后有一座高楼，为清代乾隆末年俞立酬所建，是一个小四合院，七间正屋，入口门厅为三开间，第二层无斗拱。屋前石子铺地，构成美丽图案，其中有太极图两个。

　　据传，石子是到附近的溪滩精心挑选，每粒都经毛竹筒套过，所以大小十分匀称，有"五斤石子十五里溪"之说。此屋大门外照墙上的水墨画，其人物山水均有较高艺术水平。

　　清代后期，前宅的住户贫穷的较多，后来多为中小型住宅，全村的小型住宅集中在这个区，大多质量很差。前宅建筑密度最高，巷子最狭窄曲折，路面也低劣而且破损。这一时期里，最具代表性的民居

建筑为"精深楼",又称"九间头"。

精深楼为俞新芝1845年所建。此屋有九重门,层层设门是为了防盗,其中第七道门下还设有暗道机关,盗贼误入就会掉入陷阱而束手就擒。

屋前配有花园、藏花厅。天井用二层石板铺就,石板从东南西北任何方向向中间数均为九层,这个数在我国传统的理念中是一个神奇的圣数。

地袱也全用精致石板构成,连安放在天井两边的花台亦用条石制成。整栋屋的石雕、砖雕、木雕的做工都相当精至,木雕尤为突出。

其雕工之细腻,技法之圆熟,而且内容独特,有白菜、扁豆、丝瓜等蔬菜瓜果,也有白兔、小狗、蟋蟀、蜜蜂等动物昆虫,显示出主人效法自然、热爱田园山水的人文精神。

在清末,丰富的彩画是武义乡土建筑的一个特色。彩画集中在住宅照墙向院落的一面。墙面以白粉为底，而彩画只在照墙上缘形成一个装饰带，分成若干段落，每段一幅画，题材很广泛，有花卉，有鱼鸟，也有故事人物场景。

俞源多书法家，所以常有写诗文的。上万春堂的照壁，正门门洞上"家声丕振"四个大字和两侧墙上的两篇短文，就出自于1885年拔贡俞锦云之手，他的书法名震一时。这面照壁彩画的构图已经趋向建筑化，在照墙的上部画垂莲柱、雀替等分划画幅，形同挂落。

比较复杂的，是在照墙上画三开间木牌坊，柱梁斗拱，一应俱全。这是清代用来取代以前贴砖的仿木牌坊的。因为彩绘远比贴砖自由，所以更重装饰性，不像砖那样严谨逼真。而且细节也多，柱子上端披锦袱、挂玉璧，枋子上绘有故事人物，如姜太公渭滨垂钓、刘晨阮肇入天台、烂柯山观棋等。一切仿木构件上都有图案花纹，不留空白。

柱梁斗拱基本的结构构件用黑色，小幅的画多用彩色，所以整体

控制脉络分明，构图稳定，不致杂乱。绘画的风格介于写意画和工笔画之间，一方面能和木结构大体协调；一方面又有点自由活泼，不致呆板。

俞源古建筑群的石雕很少，主要用在柱础上，其次是旗杆石和大宗祠的抱鼓石。天井沟里也有小小的雕花石板卡住，是在庆典的时候承架木板所用的，架木板为的是防人多事杂会有人不慎踏空把脚落在沟里受伤。

最华丽的一块石雕是井心石，即天井正中的一块方形石块，上面通常作高浮雕的动物和花卉。不过并不是每户的天井中都有。

天井以中央为最低，井心石上有剔透孔洞，雨水从孔洞漏入地下暗沟，与天井四周明沟下的暗沟相汇合，曲折流出户外。这块井石要在整幢房子造好之后，由德高望重的族中老辈来安放。

## 知识点滴

据史料记载，俞源古建筑群之所以能完好地保存下来，与其建筑工艺和选材不无关系。除建筑工艺无比精细外，在材料使用上更是近乎挑剔。

相传，1806年，俞氏后裔俞立酬在修缮上宅裕后堂住宅时，他曾经亲自去俞川河滩上挑选石子，一个人一天只选得了5斤，一直选到15里外的乌溪桥。

据说，用这种卵石铺成的天井和路面地面通地气，不存积水，雨水一下就迅速从石子缝隙落下，而且对人的身体健康有益，所以后来的有些住宅，院门的台明上仍满铺卵石。

# 青龙洞建筑

  青龙洞古建筑群位于贵州省镇远古镇城东中河山，占地20000多平方米，主要建筑由青龙洞寺、紫阳书院、中禅院、万寿宫、祝圣桥和香炉岩六部分，共计36座单体建筑组成，它集儒、道、佛、会馆、桥梁及驿道建筑文化于一身。

  青龙洞古建筑群分别采用了"吊""借""附""嵌"和"筑"等多种建筑工艺，硬是在一段悬崖上筑出了中元洞、紫阳洞、青龙洞和万寿宫等一片阁楼洞天。它气势雄伟、构思大胆、布局精巧，为"入黔第一洞天"。

## 舞阳河畔壮观的悬空寺

青龙洞古建筑群是一组占地近20000平方米、山北至南长达一里多的古建筑群的统称。大小100多间亭台楼阁，散布在贵州镇远城舞阳河畔的中和山麓，这里山势挺拔，峭壁悬崖。巨岩和洞穴合为一体。

1388年，明朝始建青龙洞，建筑面积6600平方米。它背靠青山，面临绿水，依洞傍崖，贴壁临空，五步一楼，十步一阁，翘翼飞檐，画栋雕梁，青瓦红墙，错落有致，曲径回廊，庭院幽静,既有园林韵味,又具寺院风格。

这些古建筑,依山因地分别采用了"下吊""借用""附岩""嵌入""筑台"等多种工艺,使其呈现出"洞中建楼""楼中藏洞""欲露先藏""欲扬先抑",底层吊脚,阁楼悬空的独特风格。青龙洞古建筑群包括香炉岩、祝圣桥、青龙洞寺、紫阳书院、中元洞和万寿宫等建筑。

整群建筑靠山临江,依崖傍洞,贴壁凌空,勾心斗角,错落有致。那飞檐翘角、贴壁凌空、红墙青瓦的殿阁楼台,气势宏伟。造型独特的建筑物与悬崖、古木、藤萝、岩畔、溶洞,融为一体,真是巧夺天工。

既有临江远眺的吊脚楼,也有恬静幽邃的寺院禅台,有朗朗书声的学子院,更有锣鼓喧天的戏台,集天下山水楼阁荟萃为一方。

香炉岩是青龙洞古建筑群舞阳河畔的一块突起圆形巨石,上大下小,形似香炉,故而得名。

这是一块富有灵气的顽石。"吉祥翻转金钱水,香炉岩下白浪多。"就是古人咏叹镇远12景观中的古刹吉禅寺和香炉岩两个景点。

湍急的惠泉溪水自东南而下,舞阳河水自西奔来,交叉地冲刷着

岩体激起千层白浪，荡起一个又一个的漩涡。

香炉岩是古城镇远最早注入人文内涵的地方之一。相传战国时期，公元前276年，楚国大将庄豪征伐夜郎，溯沅江而上到达镇远，于香炉岩摩崖石刻"沂流光"三字。所以古人这样来形容当时的香炉岩：

溪边流水绕香台，瑞气金炉五色开。
却是玉楼仙子度，冯夷捧出博山来。

明代时，有人还在香炉岩上建起了一座"凝砚亭"。后来，为了登临方便，有人在山体之间修架了石桥，更是惹人喜爱。

祝圣桥原名"舞溪桥"，横跨于舞阳河上，全长135米，宽8.5米，为七孔拱形大石桥，始建于1388年，由镇远土司思南宽慰使田大雅与镇远土知州何惠同奏请朝廷修建。

传说，祝圣桥的建造和张三丰有关。据说，在修桥时挖桥墩下脚就碰到了难题，因为河底淤泥太厚，所以一直挖不到底。众石匠尽管苦苦思索，也没有想出什么好的办法，工程因而停滞多日。

有一天，著名道士张三丰碰巧看见了，忍不住哈哈大笑，说："基脚挖成这样，已经行了，只是差一样东西垫在下面。"然后，张三丰找了个竹篮，去到街上买了一篮豆腐，晚上来到桥基地方，往每个基脚坑里撒了一些豆腐，口中还念念有词。

第二天，众人出工来到工地，往基坑一看，不禁大吃一惊！原来基坑底是整块的大青石，稳稳当当。就在青石上砌上了桥墩，所以镇远人都说祝圣桥是张三丰用豆腐垫的底。

青龙洞寺寺内的主要建筑有七栋，自低至高依次是灵官殿、财神庙、保山殿、观音殿、吕祖殿、玉皇阁、望江楼，占地460多平方米。

紫阳书院，俗称"紫阳洞"，原名"朱文公祠"。明时，为纪念南宋理学家、教育家和文学家"紫阳先生"朱熹，以传播儒学为主旨而建。

1530年，时任镇远知府黄希英主持建造紫阳书院于万寿宫东侧的石崖上，院内周围有摩崖多处，实属求学养性之地，为黔东地区较早兴办教育和传播文化的地方之一。

紫阳书院北通中元禅院，南接青龙洞，下至万寿宫，是青龙洞古建筑群中地势险要、环境幽深、建筑比较紧凑的一组，也是青龙洞古建筑群中儒家文化的代表建筑。其中雷神殿为最高建筑物。

中元洞，也称"中元禅院"，明嘉靖年间建筑，古称"北洞""中和洞"。有大佛殿、望星楼、独柱亭、六角亭等建筑物，西接祝圣桥。中元洞山门是两块巨石斜靠天然而成，可谓神工鬼斧。门楣有"入黔第一洞天"。拾级而上，洞壁有摩崖"奇石仙缘"。

万寿宫，是青龙洞古建筑群中规模最大的一组，始建于1734年，建筑在濒临舞阳河东侧的石基坎上。由山门枋、戏楼、厢楼、杨泗殿、客堂、许真君殿与文公祠等单体组成。北连中元洞，南通青龙洞，上居紫阳洞，是一组从北往南延伸的高风火墙四合院。

整个建筑群重重叠叠、参差不齐，纵横有致，沿庭院小径漫步，登斯楼而极目，如临海市蜃楼，蓬莱仙山。为江南汉地建筑与西南少数民族山地建筑文化相结合的绝妙典范。有"西南悬空寺"之称。

---

**知识点滴**

传说，冯夷为古代传说中的水神，而青龙洞香炉岩就是由他从水中捧出来的。

从此，香炉岩以其凡间难得的美丽景观，被古人们视为神仙境界，并以各自的心境抒发情感，赞叹其美景："临江实兀见香炉，为爱青苔满岫铺。载酒登山看素月，浑凝身世在冰壶。"

当时最为风雅的是，人们经常划船于舞阳河上观景赏月、饮酒和常以《香炉岩》为主题吟诗唱和："一石盘空起，香炉旧有名。水连山共永，星与月之精。翠色余烟袅，悲风逐浪生。环中多代谢，万古此犹横"。

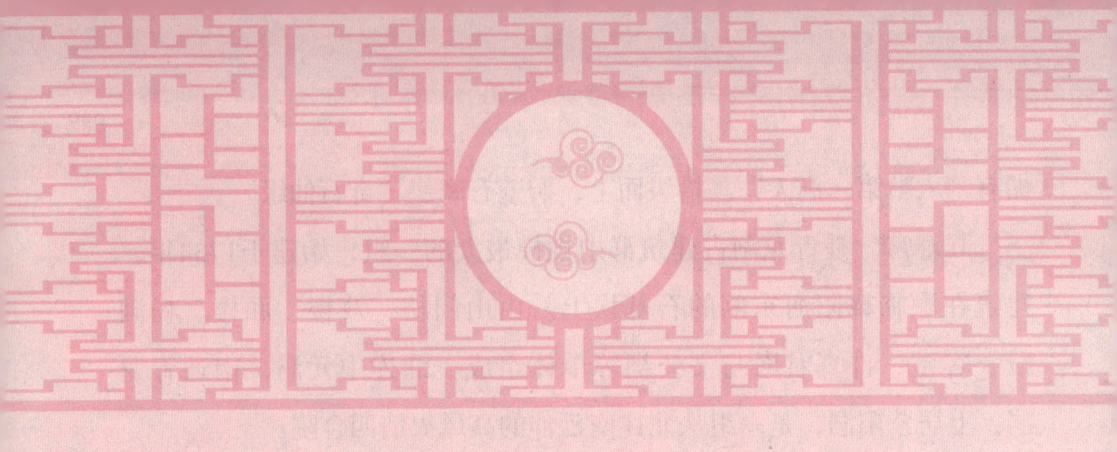

## 清代修缮和扩建古建群

　　1878年，时任镇远知府汪炳敖倡捐修建"魁星阁"于滇黔学子进京赶考必经的祝圣桥上，希望学子们能够魁星点斗，高中状元，所以老百姓又称"魁星阁"为"状元楼"。

状元楼位于祝圣桥的东起第三孔与第四孔之间的桥面上，该楼为三层穿斗式、三重檐、八角攒尖、青筒瓦顶的楼阁结构。

状元楼建成后，汪炳敖在楼阁上题有三副楹联，其中题于状元楼正门两侧的一副对联是：

　　扫尽五溪烟，汉使浮槎撑头出；
　　劈天重驿路，缅人骑象过桥来。

横幅是：河山柱石。

在三副对联中，以这副对联最为经典，极为真实地记录了清中后期在官驿上，缅人骑象赴京朝贡路过祝圣桥的重要史实，以及名城镇远昔时曾为南方丝绸之路上水陆通衢的历史见证。这座桥自建成后，就一直成为东南亚各国使节到北京的交通要道。

状元楼阁北面楹联是：

　　人上翠微梯，蓬岛春聆天尺五；
　　客来书画舫，桃花流水月初三。

横幅是：云汉天章。

据传魁星楼建成十年后，贵州果然破天荒地出了个状元，名叫夏铜鹤。继贵州第一位状元夏铜鹤之后，清朝时，贵州青岩又先后出了赵状元和周懿煌等奇才，皆得益于此魁星阁的映照。

圣人殿建于1878年。殿身底层柱头架空于山石之上，具有干栏式的建筑特点。重檐歇山顶屋面因山就势，局部截除，处理自由灵活。

上层原供有理学大师朱熹牌位，上刻"南宋徽国文公朱子神位"，下层供祀孔圣人牌位。回廊隔扇窗绦花板雕花而成。

光绪初年，紫阳书院的部分建筑得到恢复，时任贵州巡抚林肇元题总门额"青龙洞"，大门联为：

文笔临溪，二水潆洄环古刹；
香炉鼎峙，万家烟火接丛林。

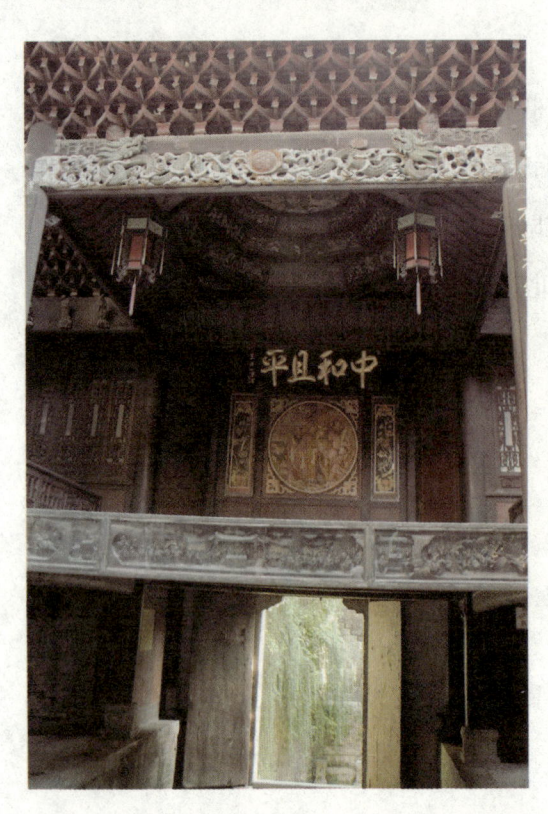

在当时，紫阳书院已经成为儒、释、道三教的结合体，而单一的儒学教学已退居次要地位。

其中，屹立于峭崖之上的三角亭为紫阳书院建筑群中别具一格的单体建筑，其三柱而立的造型极为罕见。亭子为一座小巧玲珑的单檐三角攒尖顶独立观景亭，站在其上分别将三面方向之处的"石屏巨镇"、紫阳书院、青龙洞等美景借入亭中。

在青龙洞这一组建筑物中最具特色的就是玉皇阁，玉皇阁在观音殿上方，系紧贴青龙洞主洞口凌空而建，为一座两位一体的悬空干阑式木结构骈体建筑。

建筑于悬崖洞口挑楼，阁中有洞，天人合一，顺其自然，形成了半壁楼台半壁洞的绝妙景观，是青龙洞古建筑群中选址最为大胆的单体建筑，出人意料，匠心独运，成为了地道的空中楼阁。

在清乾隆年间，清朝在青龙洞陆续创建了"中元洞"和"万寿宫"。"中元洞"也称"中元禅院"，集儒、道、佛、会馆、桥梁及绎道建筑文化于一身。

整群建筑靠山临江，依崖傍洞贴壁凌空、勾心斗角，错落有致。主要建筑有山门、中元洞、万寿宫、大佛殿和望星楼等，构成蔚为大观之古建筑群。

中元洞在石门内，为天然洞，俗名"观音堂"，又称"丹台玉室",有北、西、南三个洞口,洞内有前人题刻的摩崖、诗碑多处。

传说这里曾是道教祖师张三丰的修炼之处,而且西洞口内还有他在此修炼的石床,石床上方有酷似包袱、雨伞、草鞋等"遗物"的钟乳石,形神兼备,令人叹为观止。

万寿宫又称"江西会馆",是镇远"八大会馆"之一,为明清时期在镇远经商的江西籍人迎客会友、聚会玩乐、共议商事的地方。

万寿宫是叠层式的殿堂建筑,由高高的火墙围成长方形的封闭式整体。大门是一座高约6米、宽约16米的塔式牌楼,顶部竖行刻有"万寿宫"三个大字。

它占地740多平方米,共有大小不等的八栋建筑:门牌楼、戏楼、观戏厢楼、杨泗殿、内戏台、客房、许真君殿和文公祠等。

在这组建筑中最为突出的是万寿宫戏台上的木作雕饰和大门墙檐

上的石刻砖雕，是整座古建筑群中装饰构件艺术的精华。

万寿宫正门内是一组四合院，北边是明代杨泗将军殿，南为戏楼，东西为观戏的厢楼。

戏台用曲廊与厢房相连接，罩面枋上有十幅宽40厘米、厚20厘米的木雕戏文图，戏台两柱上有倒立的麒麟，顶部是四层六角形的藻井，当中饰"龙腾云雾"图案，台后有一幅福禄寿星图。戏台两边的对联是：

> 不典不经，格外文章圈半句；
> 半真半假，水中明月镜中花。

万寿宫大门两侧离地高4.26米的墙体上所镶嵌并保存至今的石刻砖雕，精刻着青龙洞古建筑群全景完整的原貌。

在两块0.4米×0.4米的石砖上，把整个青龙洞古建筑群的原有风貌淋漓尽致地展现了出来，该砖雕的意义不仅仅是体现了工匠精湛的技艺，更重要的是它能让青龙洞古建筑群遗产永远传下去。

万寿宫中，除了供奉有许真君之外，还有杨泗将军，文天祥文丞相，代表忠义之节，体现了江西人对于乡邦先贤的崇敬之意。而许真君信仰，也随着江西商人的足迹，播扬于黔中。

清末时，青龙洞古建筑群增建了大佛殿、望星楼、六角亭等建

筑，占地约845平方米。

大佛殿是一座重檐歇山式的殿堂，下层用砖石垒砌起墙，上层雕有栏杆、窗棂，十分精密细致。殿后的圆拱门上刻有"渐入佳境"四个字。

望星楼位于大佛殿北侧的"千佛岩"上，建筑平面呈六角形，三层，攒尖式顶，中层的过廊与大佛殿的藏经楼相连，下层的回廊和大佛殿的后院相互沟通。

大佛殿南边的石台上有一座小亭子——独柱亭，亭是六角攒尖顶式，亭子藻井的中央有"双龙戏珠"的图案。

望星楼和独柱亭都使用了十分巧妙的建筑手法：望星楼没有一尺平地做基址，而是建在锥形崖体上，独柱亭的基础只是一根木柱。

## 知识点滴

相传，在万寿宫中，曾经设置有收留流落黔中、没有路费回家的江西人的地方，供给衣食，然后发给回乡路费。此外，万寿宫里，还供奉有孔子和朱熹等大儒，是作为学堂的地方，学堂不大，属私塾。

当时，学堂除培养在贵州的江西商人后代经商外，也接纳在贵州的江西籍优秀学生受学。

早在宋明两朝，就出现过"满朝文武半江西"的盛况，与江西人重视教育的风俗有关。而这种风俗，伴随后来万寿宫的修建，在贵州的江西商人中也得到了留存。

# 古建荟萃

  大水井古建筑群，坐落在湖北恩施利川境内，占地总面积20000平方米，建筑总面积12000平方米。始建于元末明初，由李氏宗祠、李亮清庄园和高仰台李盖五庄园三大建筑群落组成，堪称多民族建筑传统及艺术风格完美结合的一朵奇葩。

  牛街清真寺，又名"牛街礼拜寺"，位于北京牛街东侧，居北京清真寺建筑之首，初建于明代，主体建筑大殿由前殿、主殿和窑殿组成。

# 明清时大水井古建筑群

在湖北恩施利川北约40多千米处的柏杨大水井古建筑群落,是一处珍藏于深山中的土家族古建筑精粹。

这里地接重庆奉节,背依编山,遥对奉节龙口,四周群山环抱,峻岭绵延,奇洞幽谷,薯竹古枫,地理环境秀美,自然景色宜人。

大水井建筑群落的发端,始于明末清初。当时,施州卫龙谭安抚司下属的黄氏土司,作为统治一方的土皇帝,就在大水井建筑宅房,修建祠堂和墓地,经营一方经济,逐渐形成了气候。

到清雍正年间时,雍正皇帝改土归流废除土司后,黄氏土司家族仍是当

地旺族，乾隆后期管辖马子乡一带的团练、乡总为黄姓两人，治所就设在大水井。

当时的黄氏旧宅，仍然为典型的明末清初风格。黄氏旧宅房屋的主体不高，结构为瓦面，较陡，柱枋较粗，柱础低平而无纹饰，设有二层楼的格局，门窗简单，无雕饰花纹。

1711年，湖南巴陵人李廷龙、李廷凤兄弟因经商贸易途径大水井，在黄氏土司帮助下，李廷凤在奉节"马鞍山"创业，李廷龙则在大水井建业，李氏兄弟后来都成了川鄂边境的巨富。

由此，大水井作为地名也日渐知名，而李廷龙自建业大水井起，其子孙也不断进行了经营与发展，可在这期间，由于黄氏土司家败落，其祠堂和墓地都归属于了李氏家族。

1846年起，历时三年，李氏家族在原黄氏祠堂基础上大兴土木，仿成都文殊院规模施工，建成李氏宗祠。从此，昔日的黄氏土司皇城

变成了一座集李氏政权、军权和族权于一体的封建城堡。

李氏宗祠为砖木结构，占地面积6000平方米，房屋建筑面积3800平方米，房屋60余间，规模宏大。采用清代通常所用抬梁和穿斗式相结合的梁架结构，高敞庄严。

宗祠后三方是一圈总长400米、高8米的护墙，护墙内圈园林约10000平方米。墙上梯石依山势逐级拔高，每梯皆为整块，一般重量约千斤，最重者竟达2500千克以上。

护墙四角炮楼突兀，保坎栏墙及整个护墙上依次布设枪眼、炮眼100个，远远望去，俨然一座古老的城堡巍然矗立于莽莽大山之中，得格外森严。

李氏宗祠为宫殿式建筑，三殿四厢，硬山式瓦顶，周围是砖墙，两侧风火垛子高耸。风火垛三台垛头，垛头、垛沿及宗祠墙壁上彩瓷镶嵌十分丰富，花、鸟、虫、鱼造型生动，琳琅满目。

宗祠前壁开大门数洞，称左山门、中山门、右山门、后山门。左、右二山门通厢房，额题"居之安"、"平为福"；中山门通大殿，中轴线上的三个大殿排列有序，占地面积各宽15米，进深依次各为9米、10米、10米。

前殿、后殿分别与左右两厢联结，中殿四面皆为规整块石铺就的院坝。三殿梁柱大可合抱，柱上有楹联。

中殿左右两外侧壁下，各有大石板建成的水池一口，右名"廉泉井"，壁书一约两米高的"忍"字；左名"让水池"，壁书一约两米高的"耐"字，可见儒家思想在整个建筑和当时家教中的主导地位。

后殿檐下高挂"魁山堂"匾额。神龛上供李氏列祖列宗的牌位。中殿又称"拜殿"，是李氏祭祖时宣讲族规的中心殿堂，四周陈列着木刻族规和家训。

除三个大殿外，两厢共有房屋66间，左厢设讲理堂及族长、执事住房；右厢设银库、账房、仓库。讲理堂中有"过失桥"巨石一块，长3.81米，宽4.45米，厚0.27米，石中阴刻太极风云纹，四角各阴刻蝙蝠一只，是当

年李氏族长执行家法和审理案件的地方。

从宗祠东角下石级72步,在祠堂正面东侧有口小井,泉水甘冽,四季不枯。水井原在墙外,后来,李氏家族经两年时间,用巨石砌起了高高的围墙,将水井围了起来,水井从此被圈入院内,与宗祠连为一体。

在水井围墙正面刻有"大水井"三字,这也是"大水井"名字的来历。

在清代晚期,李氏家族第三代族长李绪远在距祠堂200余米外建起家宅。后其子李亮清继承父业,历时15年,在其父所建旧宅上改修扩充,建成拥有西式拱门走廊,客厅、套房和小姐绣楼的李亮清庄园,又称"李氏庄园",坐落在李氏宗祠西南150米处,与宗祠互为犄角,是一座中西合璧的民居建筑。

庄园前院气度不凡,200平方米的院坝全用规格统一的平板青石铺就。一条欧式柱廊横贯左右，与两边秀丽的吊脚楼中西合璧，相映成趣。整个庄园以天井隔开采光，两侧屋宇相连，天井密布，一室一景，阁楼呼应，气象万千。

最具特色的是"走马转角楼""一柱六梁""一柱九梁"的建筑格局，整个庄园富丽堂皇，雅而不俗，俨然画栋连云之势。

李氏庄园规模宏大，占地4000多平方米，共有24个天井，174间房屋。巧的是，没用一颗铁钉，全部采用的木骨架。

西南部分基本为始建于明代晚期的土家老宅旧貌，木架木壁，古朴典雅，民族地方特色浓郁；东北部分为砖木并用，中西合璧，潇洒气派。

庄院两端有小姐楼及绣花楼各一座，飞檐高翘，一东一西，遥相呼应，造型布局层次分明，错落有致。在群体组合和装饰上，完美融合，但又出类拔萃。

整个李氏庄院主体共三进四厢。朝门建于东北，门上悬巨匾一块，乳白如玉，上书"青莲美荫"四个大字，攀附唐代著名大诗人李白，以显其家世不凡。

朝门内，规整条石铺成的院坝宽敞整洁。过院坝上十几步石梯，便到了庄院正门。入正门，正门后为大厅，一条西式柱廊横贯左右，高大的方柱，弧形的廊檐上白灰堆花，气势粗犷而壮丽。

正厅挂"大夫第"匾额，以李亮清义父李文郎曾为官道台受封"资政大夫"自诩，以彰其诗书官宦之家。中堂左为花厅，精雕细刻，豪华排场；右为账房。前厅、中堂及后堂地面均以天井隔开，檐下均以楼道连接，彩楼迂回，四通八达。

清末时，李氏家族末代族长李盖五父辈家产不大，分家时仅40石课，李盖五分得葡萄瓮地，因其后来发愤读书，买田置业达300余石

课，也在葡萄瓮修建了自己的庄园，俗称"李盖五庄园"。

整个庄园建筑飞檐翘角，精雕细琢，鬼斧神工，其匠心工艺丝毫不亚于与之遥相对应的李家宗祠和李清亮庄园，在当时当地也可以称豪宅。

由于庄园所在地原名"葡萄瓮"，李盖五嫌其地名俚俗，将地名取"高山仰止"之意更名"高仰台"，其庄园被称为"高仰台李盖五庄园"，占地3000平方米，建筑面积2000平方米，砖木结构，与李亮清庄院相仿，整栋房屋无一处使用铁钉，为建筑奇观。

李氏宗祠及两个庄园建筑宏伟，修饰华丽。柱头及穿梁皆有雕花，飞檐和屋脊均有青花瓷碗碎片镶嵌成各种图案，彩楼、门窗都刻有工艺精巧的花鸟虫鱼等图案，天井内还有水池和各种精致的花坛。此外，还有各种浮雕和大量的楹联等，均保存完好。

在清末时期，大水井古建筑群建筑总面积达一万多平方米，其中高仰台李盖五庄园大多已损毁，而以祠堂及李亮清庄园的建筑一直保存较好。

---

**知识点滴**

在李氏庄园小姐楼和绣花楼的堂屋前有四只石凳，两大两小。相传过去李家挑选女婿有自定的标准，其中一条就是谁能把大石凳抱起来，便可在小姐楼内任意挑选对象；谁能把小石凳抱起来，则可以由李家指定对象。

据说，李氏家族当时这个择婿标准几乎是天经地义的定例，因为，在李氏家族看来，仅有钱是远远不够的，还得要有勇武者担当保护李氏庄园钱财的重任。如果抱一只0.6米多高的小石凳都力不从心，要保护李氏庄园就更无从谈起了。

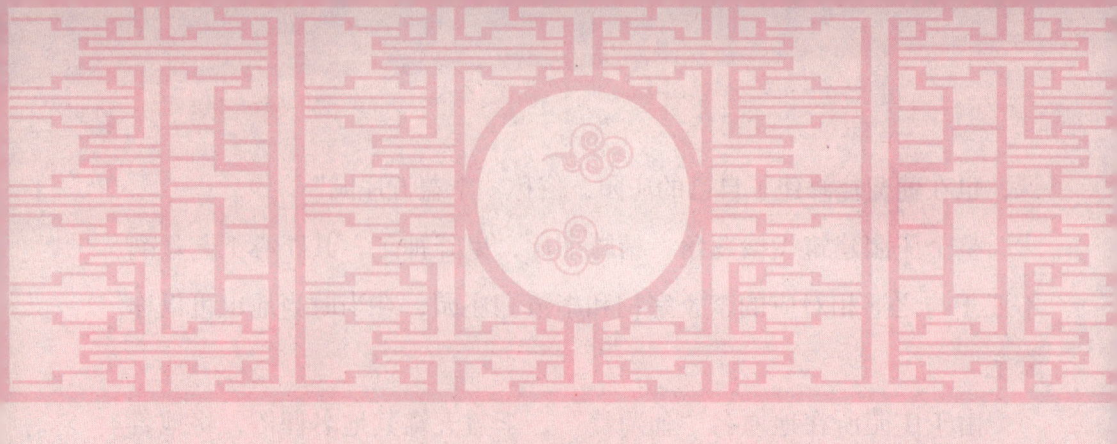

## 别具一格的牛街清真寺

辽代时，燕京城柳河村是一片很大的石榴园，牛街就是来源于"榴街"的谐音。后来，随着回民大量涌入燕京城，就是后来的北京

城，回民聚居区逐渐形成。

960年，有一位名叫革洼默丁筛海的阿拉伯人也携子来燕京城传教。传说他的儿子纳苏鲁丁不仅有特异功能，而且品行好，一心只想做清真寺掌教。

有一天，他奏请辽朝皇上说，燕京必将是个兴隆之地，所以希望能在此修建一座清真寺。皇帝听罢，当即大加赞赏，恩准他在京城南郊建寺。

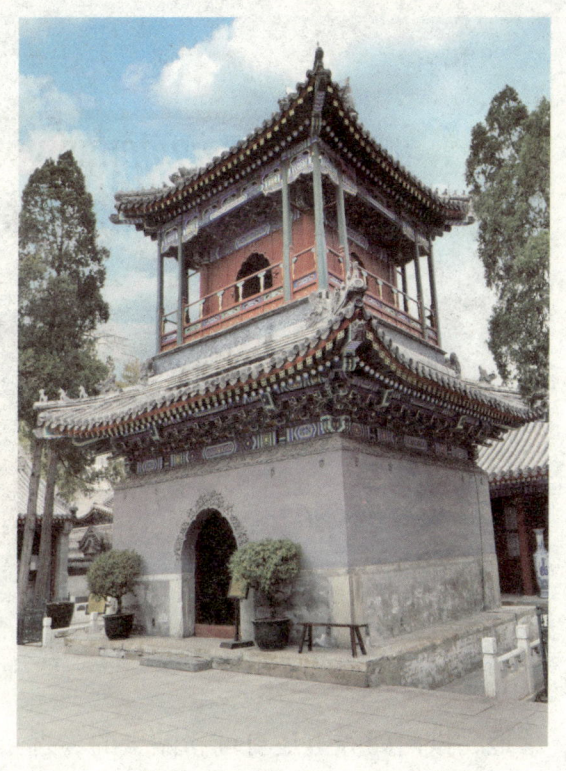

996年，牛街清真寺大殿，就是礼拜殿建成，并初具规模。整座礼拜寺的建筑框架采用我国传统的木结构，但在主要建筑物的细部装饰上，却带有浓厚的伊斯兰风格，形成了我国伊斯兰教建筑的独特形式。

大殿是清真寺的主体建筑，也是宗教活动的中心。大殿的门是朝东的，因为按照伊斯兰教规，做礼拜时必须面向麦加，无论寺的大门朝向如何，大殿的神龛必须背向圣地麦加，而麦加在我国的西方，所以大殿朝东。

由于这个原因，一般清真寺的大门往往出现在大殿的后面或旁边。牛街清真寺的大门就在大殿的后面，其前廊是卷棚形式。

大殿有五楹三进，可容千人礼拜。殿内拱门仿阿拉伯式上尖弧形

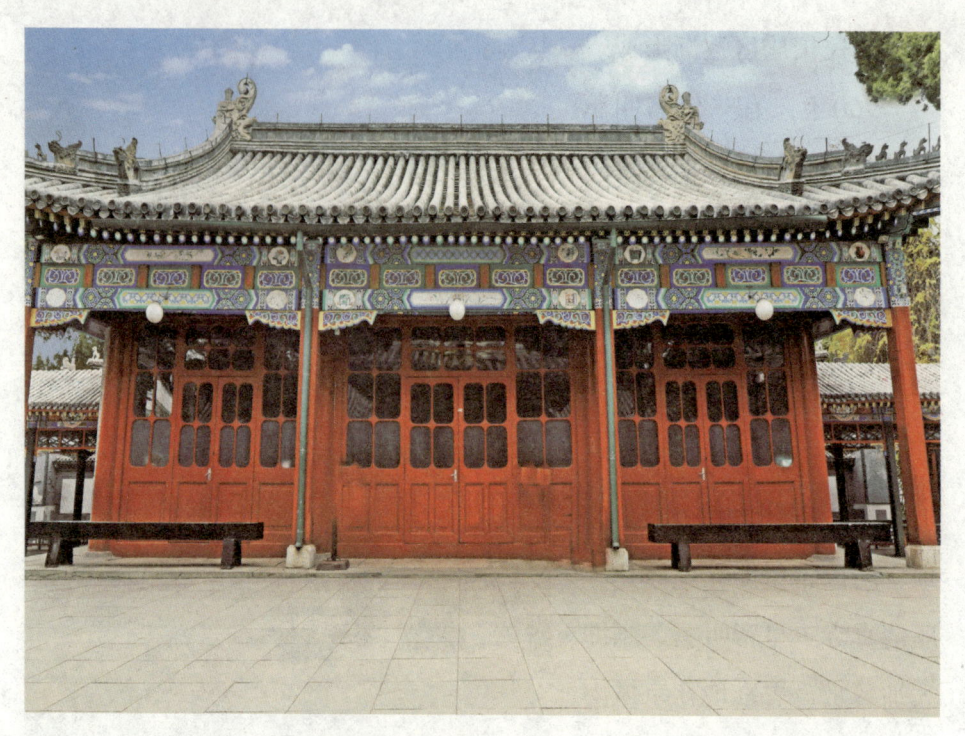

落地，拱门门券上还有堆粉贴金的《古兰经》文和赞美穆圣的词句，经文字体苍劲有力，其中的阿拉伯古代艺术书体"库法体"，更为罕见，受到国内外伊斯兰教学者的重视。

柱子上饰有蕃莲图案，皆为红地，沥粉贴金，精巧细致。殿内金光灿灿，光彩夺目，更显庄严富丽，给人以圣洁肃穆之感。大殿地板上铺着一排洁白的毡单，在等待着穆斯林们的来临。

在当时，清真寺的室内外装饰常采用植物纹、几何纹和阿拉伯文字，一般不用动物纹样。清真寺大殿内都不供偶像，殿的规模也取决于附近教民的多少。殿内满铺地毯，教民做礼拜时要脱鞋进入。

而牛街清真寺却与众不同，其大殿屋顶由五个屋顶的勾连搭组成。大殿里面的梁枋都装饰彩画，木柱上满绘红地沥粉贴金转枝莲。而且所有的梁柱之间都安装了尖拱的装饰，使我国传统建筑呈现出了浓厚的伊斯兰教建筑风格。

辽中后期，牛街清真寺大殿两侧为南北讲堂。在殿外正东增建了一座二层楼亭名叫"梆歌楼"，又名"宣礼楼"或"唤醒楼"，为歇山重檐方亭式建筑，具有伊斯兰教特有的建筑风格，是清真寺做礼拜前登楼向教民报告时间的地方，是为呼唤人们来礼拜而建。

此楼东面有对厅一座，保存有阿拉伯经文的古瓷器和手抄本及各种印版的经典。如：明代古瓷香炉、纪事石碑和已保存数百年的《古兰经》手抄本。当时的清真寺不仅仅是回民进行宗教活动的场所，同时也是这一聚居区的"中枢机构"。

清真寺的教长不仅掌握宗教权，就是民事诉讼、婚丧嫁娶等生活问题，教长也有权过问；而且自定制度，自成体系，教长已成为区内的首脑人物。

宋末元初时，梆歌楼改建为尊经阁，元世祖忽必烈时有两位阿拉伯传教士曾来寺传教，并在尊经阁上藏经。后来，在清真寺大殿第二进院落东南角的东南跨院内，就埋葬着这两位长老。

院内古柏青青，古柏下的两座黑砖矮冢，下方上尖的两座"筛海坟"东西并列，墓前均有墓碑，墓碑上镌刻有古体阿拉伯文字，苍劲有力，年代久远，保存完好，字迹清晰，碑文中盛赞了两筛海为宣讲伊斯兰教而"竭尽其毕生精力"。

1427年和1442年，牛街清真寺先后进行两次大规模扩建。1474年春，明都指挥使詹升题请名号，奉敕赐名"礼拜寺"，故有"明寺"之称。又增建了大影壁、望月楼、南北碑亭和窑殿等建筑。

其中大影壁长30多米，影壁青砖筒瓦，大脊长伸，玉石叠砌，更有束腰浮雕，图案精美，其中部右方有一幅"四无图"石雕甚为驰名。

只见汉白玉底座浮雕上顶祥云吉瑞，下枕如意平安，中部图案是树上悬钟，钟下摆棋，棋旁立炉，惟妙惟肖，意境悠远。

绕过影壁，便到了清真寺正门。正门在望月楼下，上悬"达天俊路"金字匾，该门平时紧闭，只在开斋节和宰牲节时开启。

便门后为清真寺第一进院落。10余米高的望月楼矗立眼前，望月楼上悬挂着"牛街礼拜寺"蓝底金字匾额，楼为六角形亭式，双层飞檐，亭顶覆以上黄下绿的琉璃瓦，孔雀绿色的斜脊六角攒尖，上有金黄色琉璃陶宝顶。

每年伊历九月进入斋月时，阿訇乡老登楼寻望新月，以定斋月始末，故名"望月楼"。在当时，牛街清真寺的礼拜殿有三层屋顶，殿顶衔接处有一道垂直的半弧形影壁，成为殿顶的一个特殊装饰。

最前面的是一座六角攒尖亭式建筑，俗称"窑殿"。窑殿正面壁龛上，满雕精巧的阿拉伯文和花朵。殿内梁枋上和天花板上，施以"博古""花齐"等彩绘。

南北碑亭在礼拜殿前的月台两旁，左右对称，碑亭为重檐歇山顶，碑是1496年重修礼拜寺后所建，碑文原用汉、阿两文刻成，后来已经剥落不清。所以，后来明宣德正统年间记载重修礼拜寺经过的石碑，并非"回部书"，而是汉文。

到清代，牛街清真寺建筑按原样进行大规模修葺。其中，寺内于1694年竖额一块，为当年康熙皇帝所颁发的"圣旨"。

此外，1739年造的大铜锅，重达900多千克；一座高2.7米，上铸阿

拉伯文和"大清嘉庆三年秋月吉日建造"的铁香炉；一口高0.5米，上铸"道光丁未年有恒堂造重150斤"的铜香炉等，都是我国伊斯兰文物宝库中极为珍贵的文物。

牛街清真寺自辽代创建起，历经元、明、清各代扩建与重修，使其整体布局集中、严谨、对称。全寺占地面积6000平方米，构成了以礼拜大殿、望月楼、宣礼楼、讲堂、碑亭、对亭和沐浴室等为主要建筑的中国式伊斯兰古建筑群。

整个寺院坐东朝西，殿堂楼亭主次分明地排列在一条中轴线上，是我国古典宫殿和阿拉伯式清真寺两种建筑风格相结合的一组独具特色的建筑。

## 知识点滴

史载，早在唐代时，西域商人就陆陆续续地来我国经商，其中一些人还成为了我国最早的回民。12世纪末，成吉思汗两次西征，将阿拉伯国家数十万的回人编入了他的蒙古军队，至元代时回族得到迅速发展壮大。

半个多世纪以后，元朝皇帝忽必烈修建了大都城，并下令各军就地落户，于是，这些回民随着蒙古军队开进了大都城，开始在北京城内定居。作为穆斯林，北京牛街上的礼拜寺成为了他们生活中不可缺少的一部分。